Gerik Chirlek . Inge Wanner
Fernunterrichtsschutzgesetz in Deutschland
Erläuterung für Bildungsanbieter

AF288208

Gerik Chirlek und Inge Wanner

Fernunterrichtsschutzgesetz in Deutschland

Erläuterung für Bildungsanbieter

Rechtsstand: 20.09.2013

gerik CHIRLEK / Edition Bildung und Medien
2015

Bibliografische Information der Deutschen Nationalbibliothek
Die Deutsche Nationalbibliothek verzeichnet diese Publikation in der
Deutschen Nationalbibliografie; detaillierte bibliografische Daten
sind im Internet über www.dnb.de abrufbar.

IMPRESSUM
1. Auflage 2010
2. Auflage 2015, überarbeitet
© 2015 gerik CHIRLEK / Edition Bildung und Medien
Herstellung und Verlag: BoD - Books on Demand, Norderstedt
ISBN: 978-3-8391-4343-8

Inhaltsverzeichnis

Einleitung

Die aktuelle Wirtschaftslage erfordert Änderungsverhalten. Änderungsverhalten benötigt Möglichkeiten der allgemeinen, jedoch auch differenzierten Wissensaneignung. In diesem Kontext stehen Bildungsanbieter vor der Herausforderung ein lebenslanges Lernen zu begleiten.

Klassische Formen der Kenntnisvermittlung wie Präsenzunterricht reichen nicht mehr aus. Neue Lernformen wie Selbststudium mit speziell entworfenen Materialien, zunehmend auch Fernunterricht, stellen eine wertvolle Ergänzung dar und fangen den hohen Bedarf auf. Insbesondere, wenn herkömmliche Bildungsveranstaltungen nur einen kleinen Personenkreis ansprechen, können moderne Lernformen eine sinnvolle und wirtschaftliche Alternative u. a. für jene sein, die sich nicht langfristig an räumliche und / oder zeitliche Gegebenheiten binden können.

So gehört Fernunterricht seit Jahren zu den etablierten Methoden für die Weiterbildung, zum Nachholen von Bildungsabschlüssen und sonstigen Qualifizierungen. Auch die Ausführungen in den Berufsbildungsberichten des Bundesministeriums für Bildung und Forschung belegen eine deutliche Tendenz der Zunahme von Angeboten sowie Anbietern von Fernunterricht. Dennoch wird der Lernwillige bemerken, dass das Fernunterrichtsangebot nicht unerschöpflich ist und nur einige Bildungsunternehmen modernen Lernformen gerecht werden, obgleich diese gefragt und wirtschaftlich sinnvoll scheinen.

Die Gründe mögen vielseitig sein und reichen von bewusster Ablehnung bis zum vorsorglichen Abstand aus Unkenntnis der Rechtslage.

Die vorliegende Publikation gibt für privatwirtschaftliche Bildungsunternehmen eine Handreichung, einerseits der notwendigen Vielfalt an Bildungsangeboten zu dienen und andererseits den schützenden Rechtsgrundlagen für den Teilnehmer am Fernunterricht zu genügen.

Neben einem verständlichen Einblick in das Gesetz und damit einer Übersicht zur Zulassungspflicht werden Anregungen für die Gestaltung von Lernkonzepten gegeben, um den Ansatz zu einem eigenen Qualitätsmaß zu finden.

Zu Gunsten der oben genannten Ausführungen wurde auf die Darstellung einzelner Lernformen, in Bezug auf ihre Wertigkeit bei der Vermittlung von Wissen und Lerninhalten sowie deren Ausgewogenheit und Qualität verzichtet. Der Abschnitt 'References' enthält weiterführende Literaturhinweise, die diese Themen in aller Ausführlichkeit beleuchten.

Trend Fernunterricht

Die Bezeichnungen sind vielfältig: Fernunterricht, Fernlehrgang, Fernstudium, Onlinekurs, ... Sie alle bezeichnen eine moderne Lernform, die dem Lernen in räumlicher Distanz entspricht.

Um Missverständnissen vorzubeugen, wird im Folgenden nur die Bezeichnung Fernunterricht verwendet, sofern nicht explizit eine andere Lernform gemeint ist.

Fernunterricht ist praktisch, lebt - wie bereits erwähnt - von einer räumlichen Distanz, ist zeitlich flexibel, ermöglicht ein Lernen mit eigenen Strategien im eigenen Tempo, umgeht meist hinderliche Zulassungszahlen, ... Insofern - nicht unerwartet - steigen die Teilnehmerzahlen im Fernunterrichtsbereich jährlich, wie u. a. die Statistik des Deutschen Instituts für Erwachsenenbildung belegt (vgl. Deutsches Institut für Erwachsenenbildung, 2009).

Eine steigende Nachfrage weckte die Kreativität der Anbieter. Nicht jede Idee fiel zu Gunsten der Lernenden aus. "Während die wirtschaftliche und soziale Bedeutung des Unterrichtssektors [...] stieg, mehrten sich die Missstände etwa durch irreführende Werbung und ungenügende Information der Lehrgangsteilnehmer [...]" (Kleinknecht, 2007, S. 10).

Es wurde somit notwendig, Lernenden eine verlorengegangene Sicherheit wiederzugeben. Entsprechend wurde in Deutschland im Jahr 1976 das Fernunterrichtsschutzgesetz (FernUSG) aufgesetzt und im Jahr 1977 rechtswirksam. Damit stellte der Gesetzgeber die Lernenden unter seinen Schutz gegenüber unseriösen Fernunterrichtsangeboten und nachteiliger Vertragsgestaltung. In den Folgejahren erlebte das Fernunterrichtsschutzgesetz (FernUSG) verschiedene Novellierungen.

> Alle privatrechtlichen Fernunterrichtsangebote unterliegen dem Fernunterrichtsschutzgesetz (FernUSG) und somit einer staatlichen Kontrolle, ausgeübt von der Staatlichen Zentralstelle für Fernunterricht (ZFU). Ausnahmen werden vom Gesetz genannt.

Die Gültigkeit des Fernunterrichtsschutzgesetz (FernUSG) erstreckt sich auf den privatwirtschaftlichen Bildungssektor. Sowohl die Bundesländer als auch der Verbraucherschutz begrüßen die öffentliche Kontrolle. Das mag zunächst zwiespältig erscheinen, wird jedoch berücksichtigt, dass durch die Einführung des Fernunterrichtsschutzgesetzes (FernUSG) auch eine Marktbereinigung erfolgte, erscheint das Instrument für sinnhaft und nachhaltig wirksam (vgl. Faulstich & Zeuner, 2008, S. 88).

Doch, wenn auch hier insbesondere thematisiert, wäre es nicht ausreichend, sich hinsichtlich Bildungspolitik lediglich auf ein Gesetz zu beziehen. Mit der Herausgabe seiner

Rechtsnormen, ihrer Novellierungen und der Veröffentlichung von Empfehlungen wird deutlich, dass der Gesetzgeber die moderne Lernform des Fernunterrichts unterstützt. Allesamt dienen sie dem Schutz des Verbrauchers (Lernenden) und unterstützen das Bildungsunternehmen dabei, auf eine stetig steigende Nachfrage mit einer gesetzeskonformen Angebotserstellung zu reagieren.

Rechtsgrundlagen

Für Bildungsunternehmen, die Fernunterricht anbieten möchten, ist es unverzichtbar, sich mit den diesbezüglichen Rechtsgrundlagen auseinanderzusetzen.

Die Staatliche Zentralstelle für Fernunterricht (ZFU) hält auf Ihren Internetseiten alle relevanten Dokumente zum kostenfreien Download bereit. Deshalb werden sie hier in folgender Übersicht nur erwähnt.

Rechtsgrundlagen des Fernunterrichts zum Schutz der Teilnehmer

– Staatsvertrag über das Fernunterrichtswesen
– Gesetz zum Schutz der Teilnehmer am Fernunterricht (FernUSG), BGB, BGB-InfoV, EGBGB (IPR)
– Richtlinien für die Arbeit der ZFU
– Empfehlungen zur Gestaltung der Nichtschülerprüfung für Fernunterrichtsteilnehmerinnen und -teilnehmer sowie zum Nachholen schulischer Abschlüsse
– Beschluss der Kultusministerkonferenz zum selbstgesteuerten Lernen in der Weiterbildung
– Vierte Empfehlung der Kultusministerkonferenz zur Weiterbildung

Die einzelnen Dokumente sind auf den Internetseiten der ZFU: *www.ZFU.de* zu finden.

Gemäß dem Titel der vorliegenden Publikation, werden im Nachfolgenden insbesondere die Regelungen des Fernunterrichtsschutzgesetzes (FernUSG) betrachtet.

Fernunterrichtschutzgesetz (FernUSG)

Seit wann existiert das Gesetz?
– Es wurde 1976 aufgesetzt und trat 1977 in Kraft.

Welchen Zweck verfolgt das Gesetz?
– Es verordnet Einschränkungen zu Gunsten des Verbrauchers.

Wer muss sich nach dem Gesetz richten?
– Es gilt für den privatrechtlichen Fernunterricht.

Ist mein Angebot anzeigepflichtig?

Fernunterrichtsangebote sind in Deutschland gemäß Fernunterrichtsschutzgesetz (FernUSG) bei der Staatlichen Zentralstelle für Fernunterricht (ZFU) anzuzeigen.

Dabei ist es zunächst unerheblich, ob es sich um einen sogenannten zulassungspflichtigen oder einen registrierungspflichtigen (nur auf reine Freizeitgestaltung bezogen) Fernunterrichtskurs handelt (vgl. S. 23).

> Anzeigepflichtig sind alle Bildungsangebote, wenn
> – eine privatrechtlichen Vertragsgrundlage zwischen Lernenden und Bildungsanbieter besteht
>   und
> – eine entgeltliche Vermittlung von Kenntnissen erfolgt
>   und
> – die Wissensvermittlung überwiegend in einer räumlichen Distanz stattfindet
>   und
> – eine individuelle Lernerfolgskontrolle durch den Bildungsanbieter durchgeführt wird.

Das heißt, nur wenn alle Merkmale zutreffen, unterliegt das Angebot dem Fernunterrichtsschutzgesetz (FernUSG) und damit auch der Anzeigepflicht. Dabei gibt es eine Einschränkung, denn auch die unentgeltliche Wissensvermittlung unterliegt dem FernUSG, sofern diese ausdrücklich vorgesehen ist.

Anhand folgender Beispiele werden die Ausführungen nochmals veranschaulicht.

Beispiel 1:

<u>Fernunterricht mit Präsenzphasenanteil < 50 %</u>

– Das Bildungsangebot umfasst einen Fernunterrichtskurs "*Betriebswirtschaft*" auf privatrechtlicher Vertragsbasis.
– Der Fernunterrichtskurs besteht aus Lernskripten und Präsenzphasen.
– Pro Lerneinheit sind Präsenzphasen geplant. Trotz Präsenzphasen findet die Wissensvermittlung überwiegend in räumlicher Distanz statt.
– Es ist vorgesehen, dass der Lernende Selbststudienaufgaben zur Korrektur einsendet.

Check:

privatrechtliche Vertragsgrundlage	ja
Wissensvermittlung findet in überwiegend räumlicher Distanz statt	ja
individuelle Lernfortschrittskontrolle	ja
Alle Merkmale gemäß FernUSG erfüllt	ja

Resultat: <u>anzeigepflichtig</u> nach dem FernUSG

Beispiel 2:

<u>Fernunterricht mit Präsenzphasenanteil > 50 %</u>
– Das Bildungsangebot umfasst einen Fernunterrichtskurs "*Musiktheorie*" auf privatrechtlicher Vertragsbasis.
– Der Fernunterrichtskurs besteht aus Lernskripten, Audiomaterial und Präsenzphasen.
– Pro Lerneinheit sind Präsenzphasen geplant. Aus diesem Grund findet die Wissensvermittlung nicht in überwiegend räumlicher Distanz statt.
– Es ist vorgesehen, dass der Lernende Selbststudienaufgaben zur Korrektur einsendet.

Check:

privatrechtliche Vertragsgrundlage	ja
Wissensvermittlung findet in überwiegend räumlicher Distanz statt	nein
individuelle Lernfortschrittskontrolle	ja
Alle Merkmale gemäß FernUSG erfüllt	nein

Resultat: <u>nicht anzeigepflichtig</u> nach dem FernUSG

Beispiel 3:

Fernunterricht ohne Lernfortschrittskontrolle
– Das Bildungsangebot umfasst einen Fernunterrichtskurs "*Bayrische Landespolitik*" auf privatrechtlicher Vertragsbasis.
– Der Fernunterrichtskurs besteht aus Lernskripten und Präsenzphasen.
– Pro Lerneinheit sind Präsenzphasen geplant. Trotz Präsenzphasen findet die Wissensvermittlung überwiegend in räumlicher Distanz statt.
– Es ist nicht vorgesehen, dass der Lernende Selbststudienaufgaben zur Korrektur einsendet.

Check:

privatrechtliche Vertragsgrundlage	ja
Wissensvermittlung findet in überwiegend räumlicher Distanz statt	ja
individuelle Lernfortschrittskontrolle	nein
Alle Merkmale gemäß FernUSG erfüllt	nein

Resultat: nicht anzeigepflichtig nach dem FernUSG

Beispiel 4:

Online-Lernprogramm als vollständiges Produkt
- Das Bildungsangebot umfasst einen im Internet bereitgestellten Fernunterrichtskurs "*Niederländische Sprache*" ohne Vertragsbasis.
- Der Fernunterrichtskurs besteht aus Lernskripten und Audiomaterial.
- Pro Lerneinheit sind Präsenzphasen geplant. Trotz Präsenzphasen findet die Wissensvermittlung überwiegend in räumlicher Distanz statt.
- Jede Lerneinheit beinhaltet Multiple Choice Fragen zur selbständigen Überprüfung erworbener Kenntnisse.

Check:

privatrechtliche Vertragsgrundlage	nein
Wissensvermittlung findet in überwiegend räumlicher Distanz statt	ja
individuelle Lernfortschrittskontrolle	nein
Alle Merkmale gemäß FernUSG erfüllt	nein

Resultat: <u>nicht anzeigepflichtig</u> nach dem FernUSG

Beispiel 5:

Computer-Lernprogramm mit Betreuungsangebot
–   Das Bildungsangebot umfasst einen Fernunterrichtskurs
    "*Russische Sprache*" als Computer-Lernprogramm mit
    Betreuungskonzept auf privatrechtlicher Vertragsbasis.
–   Der Fernunterrichtskurs besteht aus dem Computer-
    Lernprogramm und der Möglichkeit, sich über aufkom-
    mende Fragen mit einem Betreuer auszutauschen.
–   Pro Lerneinheit sind keine Präsenzphasen geplant.
–   Jede Lerneinheit beinhaltet Multiple Choice Fragen zur
    selbständigen Überprüfung erworbener Kenntnisse.

Check:

privatrechtliche Vertragsgrundlage	ja
Wissensvermittlung findet in überwiegend räumlicher Distanz statt	ja
individuelle Lernfortschrittskontrolle	nein
Alle Merkmale gemäß FernUSG erfüllt	nein

Resultat: nicht anzeigepflichtig nach dem FernUSG

Beispiel 6:

Computer-Lernprogramm als vollständiges Produkt
- Das Bildungsangebot umfasst einen Fernunterrichtskurs "Hebräische Schriftzeichen" als Computer-Lernprogramm, welches über den Buchhandel erworben werden kann.
- Der Fernunterrichtskurs besteht aus dem Computer-Lernprogramm.
- Pro Lerneinheit sind keine Präsenzphasen geplant.
- Jede Lerneinheit beinhaltet Multiple Choice Fragen zur selbständigen Überprüfung erworbener Kenntnisse.

Check:

privatrechtliche Vertragsgrundlage	nein
Wissensvermittlung findet in überwiegend räumlicher Distanz statt	ja
individuelle Lernfortschrittskontrolle	nein
Alle Merkmale gemäß FernUSG erfüllt	nein

Resultat: <u>nicht anzeigepflichtig</u> nach dem FernUSG

Beispiel 7:

Fernunterricht mit Studentenstatus
- Das Bildungsangebot einer Hochschule umfasst einen Fernunterrichtskurs "*Kirchenslawisch*" auf öffentlich-rechtlicher Vertragsbasis.
- Der Fernunterrichtskurs besteht aus Lernskripten, Audiodateien und Präsenzseminaren.
- Pro Quartal ist lediglich eine Präsenzphase geplant.
- Es ist vorgesehen, dass der Lernende Selbststudienaufgaben zur Korrektur einsendet und den Kurs mit einer Prüfung abschließt.

Check:

privatrechtliche Vertragsgrundlage	nein
Wissensvermittlung findet in überwiegend räumlicher Distanz statt	ja
individuelle Lernfortschrittskontrolle	ja
Alle Merkmale gemäß FernUSG erfüllt	nein

Resultat: nicht anzeigepflichtig nach dem FernUSG

Der Anzeigepflicht nachkommen

Zunächst besteht gegenüber der Staatlichen Zentralstelle für Fernunterricht (ZFU) eine generelle Anzeigepflicht von Bildungskursen, die nach dem Fernunterrichtsschutzgesetz (FernUSG) definiert wurden.

Bildungsangebote nach dem FernUSG

– haben eine privatrechtlichen Vertragsgrundlage

__und__

– eine entgeltliche Vermittlung von Kenntnissen

__und__

– eine Wissensvermittlung, die überwiegend in einer räumlichen Distanz stattfindet

__und__

– eine individuelle Lernerfolgskontrolle.

Sie werden unterschieden in:

zulassungspflichtig (Lehrgangscharakter)	registrierungspflichtig (Freizeitcharakter)

Die 'Staatliche Zentralstelle für Fernunterricht' prüft nach Einreichung der notwendigen Unterlagen das Bildungsvorhaben. Trifft sie die Feststellung, dass der Fernunterrichtskurs gemäß Inhalt und Ziel nicht der reinen Freizeitgestaltung bzw. dem Unterhaltungszweck dient, sondern einer Zulassung bedarf, wird der Bildungsanbieter schriftlich darauf hingewiesen.

<u>Antrag auf Registrierung</u>

–   Fernunterrichtskurse sind nicht zulassungspflichtig, sofern sie nach Inhalt und Ziel der Freizeitgestaltung oder der Unterhaltung dienen. Es besteht jedoch eine grundsätzliche Registrierungspflicht.

–   Zu diesem Zweck sind vom Bildungsanbieter dem Antrag auf Registrierung der Fernunterrichtsvertrag und das vorgesehene Werbematerial beizufügen.

–   Aus diesen Unterlagen lässt sich mehrheitlich feststellen, inwiefern der Freizeitcharakter des geplanten Fernunterrichtskurses gegeben ist. Im Zweifel wird seitens der Staatlichen Zentralstelle für Fernunterricht (ZFU) vom Bildungsanbieter auch das Lernmaterial zur Sichtung angefordert.

–   Die Registrierung eines Fernunterrichtskurses, der nach Inhalt und Ziel der Freizeitgestaltung oder der Unterhaltung dient, ist gebührenfrei.

Antrag auf Zulassung

- Für das Zulassungsverfahren hat der Bildungsanbieter die von der Zentralstelle für Fernunterricht ausgegebenen Unterlagen (siehe: *www.ZFU.de*) vollständig ausgefüllt einzureichen.
- Zu diesem Zweck sind folgende Unterlagen einzureichen: Lehrmaterial, sonstige im Zusammenhang mit dem Fernunterrichtskurs verwendete Lernmaterialien, Vertragsbedingungen und Informationsmaterial.
- Zum Lehrmaterial gehören alle Lehr- und Lernmittel, die zum Erreichen des Fernunterrichtskursziels erforderlich sind (z. B. Experimentiermaterial und weitere Arbeitsmittel).
- Die Zulassung eines Fernunterrichtskurses ist gebührenpflichtig.

Antrag auf vorläufige Zulassung

- Die vorläufige Zulassung eines Fernunterrichtskurses kann erst beantragt werden, wenn die Fernunterrichtskursplanung bereits vollständig abgeschlossen wurde.
- Für die Beantragung wird ein Zeitplan benötigt, wann die Fertigstellung der noch fehlenden Unterlagen, insbesondere des restlichen Lernmaterials erfolgt.
- Die vorläufige Zulassung eines Fernunterrichtskurses bzw. die Zulassung nach einer vorläufigen Zulassung ist gebührenpflichtig.

Antrag auf Zulassung eines vorläufig zugelassenen Fernunterrichtskurses

- Für die Beantragung der Zulassung eines bereits vorläufig zugelassenen Fernunterrichtskurses wird neben der Erfüllung eventueller Auflagen auch ein Evaluationskonzept (Einschätzung des Lehrgangsverlaufes) benötigt.

Antrag auf Zulassung wesentlicher Änderungen

- Wesentliche Änderungen an einem bereits zugelassenen Kurs sind als solche anzuzeigen und kenntlich zu machen.
- Bei der Beantragung auf Zulassung wesentlicher Änderungen sind folgende Unterlagen einzureichen: Darstellung der wesentlichen Änderungen des Fernunterrichtskurses, die geänderten Teile des Lehr- / Lernmaterials unter Kennzeichnung und Erläuterung der Änderungen, soweit zutreffend auch die geänderten Vertragsbedingungen und das geänderte Informationsmaterial.
- Die Zulassung wesentlicher Änderungen ist gebührenpflichtig.

Inhaltliche Prüfung

- Die Lernmaterialien werden von unabhängigen Experten sowohl auf ihre fachwissenschaftliche Richtigkeit als auch auf ihre didaktische Aufbereitung überprüft.

Bildungsangebote für und aus dem Ausland

- Alle Bildungsangebote, die sich ausdrücklich an deutsche Verbraucher wenden, unterliegen den Bestimmungen des

Fernunterrichtsschutzgesetzes (FernUSG), somit auch jene, von Unternehmen, die im Ausland ansässig sind.

– Keine Anzeigepflicht gemäß Fernunterrichtsschutzgesetzes (FernUSG) besteht hingegen für Bildungsanbieter, die sich ausdrücklich an nicht in Deutschland lebende Verbraucher (Lernende) wenden.

– Wird ein Fernunterrichtskurs länderübergreifend angeboten, so müssen die Regelungen aller berücksichtigten Länder beachtet werden.

Sonstige Bildungsangebote
– Auch unselbständige Ergänzungslehrgänge sind der Behörde anzuzeigen.

– Bei unentgeltlich berufsbildenden Fernunterrichtskursen
  – kann auf Antrag eine Anerkennung vom Bundesinstitut für Berufsbildung erfolgen.
  – trifft die zuständige Behörde, ggf. in Verbindung mit dem Bundesinstituts für Berufsbildung, die Entscheidung über Versagungsgründe.

– Für Fernunterrichtskurse, bei denen Bildungsgutscheine gültig sein sollen, muss nach AZWV (Anerkennungs- und Zulassungsverordnung Weiterbildung) auch eine Trägerzertifizierung erfolgen. Diese Zertifizierung wird von fachkundigen Stellen vorgenommen.

Antrag auf Zulassung

Ein Antrag auf Zulassung eines Fernunterrichtskurses gemäß §12 FernUSG ist bei der Staatlichen Zentralstelle für Fernunterricht (ZFU) zu stellen. Benötigte Formulare können auf den Internetseiten *www.ZFU.de* heruntergeladen werden.

Die nachfolgende Aufstellung gibt einen groben Überblick, welche Angaben bei einer Zulassung, vorläufigen Zulassung oder Zulassung wesentlicher Änderungen seitens der Staatlichen Zentralstelle für Fernunterricht (ZFU) erwartet werden. Die Aufstellung erhebt keinen Anspruch auf Vollständigkeit, bietet jedoch eine notwendige Orientierung zur Vorbereitung eines Zulassungsverfahrens.

Benötigte Angaben / Unterlagen:
– ausgefülltes Antragsformular

Angaben zum Bildungsunternehmen
– Adresse
– Qualitätsmanagementsystem
– Handels-/Vereinsregisterauszug

Angaben zum Personal
– Details zu Geschäftsleitung, Lehrenden, Korrektoren…

Angaben zu den Teilnehmerunterlagen
– Entwurf des Anmelde- / Vertragsvordrucks
– Vertragsbedingungen

- Aufstellung der Teilnahmekosten
- Informationsmaterial

Angaben zum Fernunterrichtskurs
- Titel, geplanter Beginn und Dauer
- Zielgruppe
- Inhalt und Ziel
- Fernunterrichtskursplanung
- Lernmaterialien, Arbeitsmaterialien, verwendete Medien
- Arbeitsanweisungen, Lernanleitungen
- Art und Umfang der Präsenzphasen
- Bewertungssystem, Korrekturverfahren
- Prüfungsregelungen
- sofern zutreffend: Nachweis über Nutzungsrecht
- sofern zutreffend: Akkreditierungsurkunde, Genehmigung des Wissenschaftsministeriums
- sofern zutreffend: externe Vorgaben
- sofern zutreffend: Grund, Art und Umfang der Änderungen

> Die Fernunterrichtskursplanung ist ein unverzichtbarer Bestandteil beim Antrag auf Zulassung eines Fernunterrichtskurses.

Zulassung oder keine Zulassung

Wurde ein Fernunterrichtskurs ordnungsgemäß angezeigt und seitens der Staatlichen Zentralstelle für Fernunterricht (ZFU) zugelassen, erhält er eine Zulassungsnummer und darf durchgeführt werden. Doch nicht immer verläuft ein Zulassungsverfahren wie gewünscht. Mitunter werden Zulassungen vorläufig oder gar nicht erteilt. Ausführungen zu den unterschiedlichen Varianten können der nachstehenden Übersicht entnommen werden.

Zulassung
Zugelassene Fernunterrichtskurse erhalten ein Zulassungssiegel mit einer Zulassungsnummer. Eine Zulassung erfolgt, wenn alle Prüfungskriterien erfolgreich durchlaufen wurden:

- Der Fernunterrichtskurs ist zur Erreichung des Unterrichtsziels geeignet.
  und
- Der Inhalt und die Zielsetzung des Fernunterrichtskurses verstoßen nicht gegen die öffentliche Ordnung und Sicherheit.
  und
- Der Inhalt des Fernunterrichtskurses entspricht zum Zeitpunkt des Zulassungsverfahrens dem Stand der Fachwissenschaft.

und

– Die pädagogische Betreuung ist während des Fernunterrichtskurses gewährleistet.

und

– Es ist vorgesehen, dass der Lernende rechtzeitig aussagekräftige Informationen vor Abgabe des Vertragsangebots erhält.

und

– Die Vertragsbedingungen entsprechen den gesetzlichen Anforderungen.

und

– Sofern zutreffend: Der berufsbildende Fernunterrichtskurs entspricht in Inhalt, Dauer, Ziel und Art seiner Durchführung den Zielen der beruflichen Bildung nach dem Berufsbildungsgesetz oder anderen Rechtsvorschriften der beruflichen Bildung.

Vorläufige Zulassung

Eine vorläufige Zulassung erfolgt bei der Vorlage unvollständiger Unterlagen. Allerdings ist diese an folgende Bedingungen geknüpft:

– Die Lehrgangsplanung wurde vollständig abgeschlossen.

und

– Die bereits fertiggestellten Teile lassen die Annahme zu, dass nach Fertigstellung das Fernunterrichtskursmaterial den gesetzlichen Anforderungen entspricht und keine Versagungsgründe bestehen.

und

– Die fehlenden Unterlagen werden innerhalb einer angemessenen Frist nachgereicht.

Keine Zulassung
Es gibt Umstände, bei denen gemäß Fernunterrichtsschutzgesetz (FernUSG) keine Zulassung für den beantragten Fernunterrichtskurs gewährt werden kann. Das ist insbesondere der Fall, wenn:

– Der Fernlehrgang zur Zielerreichung nicht geeignet ist.
  oder
– Der Inhalt und die Zielsetzung gegen die öffentliche Sicherheit oder Ordnung verstoßen.
  oder
– Der Nachweis über die vollständige, zutreffende und den gesetzlichen Bestimmungen entsprechende Unterrichtung der Lernende vor Vertragsangebot fehlt.
  oder
– Die Vertragsgestaltung den gesetzlichen Anforderungen nicht entspricht.

Bei berufsbildenden Fernunterrichtskursen erfolgt zudem keine Zulassung, sofern sie in Inhalt, Dauer, Ziel und in der Durchführungsart nicht den Zielen der beruflichen Bildung nach dem aktuellen Berufsbildungsgesetz und anderen Rechtsvorschriften der beruflichen Bildung entsprechen.

Ungültige und widerrufene Zulassung

Eine Zulassung wird ungültig, wenn

– bei der Zulassung ein Versagungsgrund vorgelegen hat bzw. die Voraussetzungen nicht erfüllt wurden.

Die Zulassung kann widerrufen werden,

– sofern ein Versagungsgrund nachträglich eintritt bzw. Voraussetzungen nachträglich wegfallen und
– der Veranstalter keine Abhilfe schafft.

Fehlt die Zulassung zum Zeitpunkt des Vertragsabschlusses mit einem Lernenden, ist der Vertrag für ungültig zu erklären.

Erloschene Zulassung

Die Zulassung eines Fernunterrichtskurses erfolgt in der Regel unbefristet. Im Abstand von 3 Jahren wird allerdings geprüft, ob die Voraussetzungen für die Zulassung des Fernunterrichtskurses weiterhin vorliegen. Es ist also möglich, dass eine Zulassung auch erlischt. In diesem Fall,

– ist der Umstand dem Lernenden umgehend mitzuteilen,
– kann der Lernende innerhalb von zwei Wochen nach schriftlicher Bekanntgabe durch den Bildungsanbieter kündigen.

Macht der Lernende von seinem Kündigungsrecht kein Gebrauch, kann der Fernunterrichtskurs ohne Zulassung stattfinden.

Fernunterrichtsvertragsgestaltung

Zwischen dem Lernenden und dem Bildungsanbieter ist ein Fernunterrichtsvertrag abzuschließen. Dieser dient dem Verbraucherschutz, bedarf der Schriftform und enthält folgende Elemente:

Angaben zu den Vertragspartnern
–   Name und Anschrift des Lernenden und des Bildungsanbieters

Angaben zu dem Fernunterrichtskurs
–   Gegenstand, Titel und Ziel, Beginn und Dauer
–   Gliederung des Fernunterrichtskurses
–   Angaben über Art, Ort, Dauer und Häufigkeit des begleitenden Unterrichts
–   benötigte Arbeitsmittel, die nicht vom Veranstalter geliefert werden
–   Vorbildungsvoraussetzungen für die Teilnahme am Fernunterricht
–   sofern gegeben: Zulassungsvoraussetzungen für die Teilnahme an einer öffentlich-rechtlichen oder sonstigen externen Prüfung
–   Art und Geltung des Fernunterrichtskursabschlusses (Abschluss des Bildungsanbieters, Vorbereitung auf eine öffentlich-rechtliche oder sonstige Prüfung, …)
–   die erfolgte staatliche Zulassung, sofern zutreffend: der Hinweis auf eine vorläufige Zulassung

Angaben zu den Lernmaterialien
- Art der Lernmaterialien (Skripte, Audiodateien, ...)
- Zeitabstände der Lieferungen des Lernmaterials

Angaben zu sonstigen Lieferungen
- Art der kostenpflichtigen beweglichen Sachen, die nicht Bestandteil der Lernmaterialien sind

Angaben zu den Kosten
- Gesamtbetrag
- sofern zutreffend: separate Nennung der Lieferung jener beweglichen Sachen, die nicht zu den Lernmaterialien gehören
- entstehende zusätzliche Kosten für die Nutzung von Telefon, Fax, eMail etc., sofern sie die üblichen Grundtarifen übersteigen
- Betrag, Zahlweise und Fälligkeit der Teilzahlungen und sonstigen Pflichten des Lernenden

Angaben zu den Bedingungen
- nachprüfbarer Hinweis der ZFU-Zulassung
- Gerichtsstandsregelung
- Mindestlaufzeit des Vertrages und Kündigungsbedingungen
- Bedingungen sowie deutliche Widerrufsbelehrung mit Nennung des Widerrufsempfängers.

Das Widerrufsrecht ist vom Lernenden gesondert zu unterschreiben.

Diese und weitere Informationen erhalten Sie auf den Internetseiten der ZFU (*www.ZFU.de*) sowie im *Ratgeber für Fernunterricht 1-4 - 2015* hrsg. von der ZFU & BiBB. 2015, Kapitel 7. Staatliche Zulassung; Inhalte des Fernunterrichtsvertrags, S. 25-26.

Informations- und Werbematerial

Der Gesetzgeber hat innerhalb des Fernunterrichtsschutzgesetzes definiert, welche nachfolgenden Bestandteile das Informationsmaterial zu einem Fernunterrichtskurs enthalten muss.

Angaben zu dem Fernunterrichtskurs
– Ziel, Beginn, Dauer des Fernunterrichtskurses
– Gliederung des Fernunterrichtskurses
– Ort, Dauer und Häufigkeit des begleitenden Unterrichts
– Art und Geltung des Abschlusses
– Bildungsvoraussetzungen für die Teilnahme am Fernunterrichtskurs
– sofern zutreffend: Zulassungsvoraussetzungen für die Teilnahme an einer öffentlich-rechtlichen oder sonstigen externen Prüfung

Angaben zu den Kosten
– Gesamtteilnahmebetrag, sofern zutreffend: Betrag für die beweglichen Sachen, die nicht Bestandteil des Lernmaterials sind
– Teilzahlungsbeträge, Höhe, Zahlungsweise und Fälligkeit
– zusätzlich entstehende Kosten für Fernkommunikationsmittel

Angaben zu den Bedingungen
- Mindestlaufzeit des Vertrages und Kündigungsbedingungen
- die Gültigkeitsdauer des Angebots
- die erfolgte staatliche Zulassung, sofern zutreffend: der Hinweis auf eine vorläufige Zulassung.

Angaben zu den Lernmaterialien
- Zeitabstände für die Lieferung des Lernmaterials

Hinweise für das Ausland
- Wird ein Fernunterrichtskurs länderübergreifend angeboten, muss auf die in den Ländern geltenden (unterschiedlichen) Leistungsanforderungen hingewiesen werden.

Die Anerkennung eines unentgeltlichen berufsbildenden Fernunterrichtskurses durch das Bundesinstitut für Berufsbildung darf nicht zur geschäftlichen Werbung für Fernunterricht verwendet werden.

Diese und weitere Informationen erhalten Sie auf den Internetseiten der ZFU (*www.ZFU.de*) sowie im *Ratgeber für Fernunterricht 1-4 - 2015*, hrsg. von der ZFU & BiBB. Kapitel 7. Staatliche Zulassung; Anforderungen an Information und Werbung. 2015, Kapitel 7. Staatliche Zulassung; Inhalte des Fernunterrichtsvertrags, S. 24-25.

Lernformen und Fernunterrichtstypen

Auch wenn es sich bei einem Fernunterrichtskurs um eine Form der Vermittlung von Wissen handelt, ist es notwendig, die dahinter liegende Spezifika näher zu betrachten.

	Fernunterricht
Form	privatrechtlich
Abschluss	– staatlich (z. B. Schulabschlüsse) – öffentlich-rechtlich (z. B. IHK) – Zertifikate des Bildungsanbieters – keine Abschlüsse
Lernmaterial	z. B. Print, Online, Audio, Video, Software
Spezifika	z. B. keine oder vertiefende Präsenzseminare, virtuelle Lernplattformen
Regelung	Zulassungspflichtig nach dem FernUSG Registrierungspflichtig nach dem FernUSG

Wie bereits erwähnt, trägt der Fernunterricht innerhalb der Erwachsenenbildung dem steigenden individuellen Wissensbedürfnis des Lernenden Rechnung. Doch um adäquate Angebote zu formulieren, ist es notwendig, die Motive der Lernenden zu kennen. Schließlich soll der Fernunterricht nicht nur der reinen Wissensanhäufung dienen, sondern verschiedenen Aufgaben in der Erwachsenenbildung gerecht werden.

Aufgaben der Erwachsenenbildung
- qualifizierende Aufgabe (z. B. Weiterbildung, Spezialisierung, Berufssicherheit)
- sozial-integrierende Aufgabe
- kulturell bildende Aufgabe (z. B. internationale Kompetenzen, Vorbereitung auf Reisen und berufliche Herausforderungen)

Daraus entstehen Herausforderungen hinsichtlich der besonderen Gestaltung und dem Inhalt von Lernszenarien. So hat Fernunterricht zu berücksichtigende Spezifika. Im Vergleich zum klassischen Unterricht kann auch ein ausgewogener Fernunterrichtskurs beispielsweise durchaus Fremdsprachenkenntnisse vermitteln. Allerdings ist der Inhalt genau zu konzipieren, damit die Lernenden nicht nur perfekte Leser werden, sondern auch aktiv an Gesprächen in der Fremdsprache teilnehmen können.

Wie auch bei anderen Lernformen sind bspw. die teilweise sehr variierenden Vorerfahrungen der Lernenden zu berücksichtigen. Auch wenn davon auszugehen ist, dass die heutige Jugend wesentlich PC affiner ist und ein anderes Mediennutzungsverhalten hat als die davor liegenden Generationen, verfügen Lernende z. B. über unterschiedliche Ressourcen und Kompetenzen zur Informationsaufnahme und -verarbeitung. Darüber hinaus kann ihre Lernmotivation durch private und berufliche Erfolge verschieden gesteuert sein.

Für die Teilnahme am Fernunterricht müssen die Lernenden in die Lage versetzt werden, dem Unterricht zu folgen. Dazu benötigen sie auch eine Art Selbstkonzept, um - im Gegensatz zum klassischen Unterricht - aktiv am selbstgesteuerten Lernprozess teilnehmen zu können. Insofern genügt nicht die reine Möglichkeit für den Lernenden, selbst entscheiden zu können, wann welche Lernziele, mit welchen Methoden und Lernpartnern erreicht werden sollen. Das Lernen zwischen Selbst- und Fremdorganisation bedarf auch einer gezielten Betreuung, die nicht nur dazu verhilft, eine bestehende Distanz zu überwinden, Konflikte zu klären, sondern auch einen Wissensaneignungsanreiz zu vermitteln.

Einen Fernunterrichtskurs zu besuchen, verlangt vom Lernenden ein nicht unerhebliches Maß an Kompetenzen.

Sachkompetenz wie z. B.
– Computer bedienen können
– Zugriffswissen im Sinne Medien bedienen können (z. B. Wissen aus Bücher erschließen können)
– mit neuen Medien umgehen können (z. B. Online-Recherche)
– Transferfähigkeit
– Problemlösefähigkeit

Selbstkompetenz wie z. B.
– Bereitschaft und Erkenntnis zur Notwendigkeit, sich zu einem späteren Zeitpunkt, trotz abgeschlossener Erstaus-

bildung, in einen Lernprozess zu begeben (lebenslanges Lernen)

- Differenzierbarkeit zwischen Realität und Medienrealität
- Bereitschaft, sich mit neuen Medien auseinanderzusetzen
- Bereitschaft und Motivation sich selbst zu befähigen
- kognitive Flexibilität
- Selbstdistanz
- Reflexivität über die gesellschaftliche Rolle von Medien

Sozialkompetenz wie z. B.
- Kommunikationsfähigkeit und Integrationsfähigkeit von Medienkommunikation in soziale Netzwerke (z. B. Kommunikation innerhalb Foren oder Chatrooms mit Tutoren bzw. Mitlernende)
- Konfliktfähigkeit
- Kooperations- und Rückkopplungsfähigkeit sowie Nutzungsfähigkeit der Medien als Mittel sozialer Kooperation
- Fähigkeit zum Wechsel von Rollenperspektiven
- Berücksichtigung sozialer Konsequenzen des eigenen Medienhandelns

Gezielte Unterstützung soll dazu verhelfen, noch fehlende Kompetenzen beim Lernenden auszuprägen. Die Rolle des Lehrenden verändert sich auch damit. Er wird zum Moderator und das Arbeitsfeld der Tutoren befindet sich in Diskussionsgruppen, Lesekursen, wird verbunden mit Online-Sprechstunde und eMail-Support.

Sequentiell und logisch strukturierte Lernangebote sowie spezielle Angebote zur Problemlösungsfindung helfen bei der Verwirklichung des Ziels: learning on demand.

Fernunterricht kann in verschiedene Unterrichtskurstypen unterschieden werden. Es ist bedeutsam, die grobe Einteilung zu kennen, um eine angemessene Kurskonzeption aufzustellen und sinnvolle Lernziele zu formulieren.

Einfacher Fernunterrichtskurs
– Ein einfacher Fernunterrichtskurs behandelt ein in sich geschlossenes Thema (z. B. Sprachkurs "*Hebräisch für Anfänger*").

Komplexer Fernunterrichtskurs
– Ein komplexer Fernunterrichtskurs behandelt mehrere Themen und / oder überlässt Wahlmöglichkeiten (z. B. orientalische Sprachen).

Baukasten-Fernunterrichtskurs:
– Ein Fernunterrichtskurs nach dem Baukastenprinzip behandelt Themen, die als Bestandteil eines anderen Fernunterrichtskurses dienen (z. B. "*Indische Ziffern*").

Fernunterricht - Begleitmaterial

Das Begleitmaterial umfasst alle zusätzlich erbrachten Leistungen des Bildungsanbieters, durch die der Lernende zum Fernunterrichtskursziel geführt wird.

Entsprechend des Fernunterrichtskurstyps bedarf es spezifische Hilfestellungen für den Lernenden.

In einer Empfehlung des Deutschen Fernschulverband e.V. wurden aus einem Beschluss der Mitgliederversammlung am 11. März 1996 in Leipzig verbindliche Elemente des Begleitmaterials zum jeweiligen Fernunterrichtskurstyp definiert. (Nachzulesen ebenfalls auf den Internetseiten des Staatlichen Zentralstelle für Fernunterricht *www.ZFU.de.*)
Die folgende Aufstellung orientiert sich daran.

Einfacher Fernunterrichtskurs
– Notwendige Bestandteile des Begleitmaterials:
  – Der Lernende erhält das Informationsmaterial zum Fernunterrichtskurs noch vor Beginn des Fernunterrichtskurses.
  – Das Begleitmaterial enthält allgemeine unterrichtsübergreifende Lernhinweise (z. B. Hinweise zum eigenständigen Lernen und fernunterrichtsspezifische Lern- und Arbeitstechniken) für die Einstiegsphase des Fernunterrichtskurses.

- Mögliche Bestandteile des Begleitmaterials:
  - Detaillierte Hinweise zu Abschlüssen und Prüfungen (z. B. Art und Voraussetzungen) sind nicht zwingend erforderlich, jedoch bei Bedarf angebracht.
- Nicht notwendige Bestandteile des Begleitmaterials:
  - Eine zielorientierte Beschreibung von Aufbau und Inhalt des Fernunterrichtskurses (z. B. Vorstellung der Fachgebiete, Unterstützung bei der Schwerpunktbildung und Hinweise zu Wahlmöglichkeiten innerhalb des Fernunterrichtskurses).
  - Themenorientierte und fachdidaktische Informationen zu den einzelnen Lerneinheiten, Fächern, Teilzielen etc.
  - Zusatzmaterialien, die als Bindeglied zwischen Teilbereichen des Fernunterrichtskurses dienen (z. B. spezifische Lernhinweise und zielorientierte Aufgabenstellungen, zusätzliche Lehr- / Lernmaterialien wie Stützkurse)

Komplexer Fernunterrichtskurs

- Notwendige Bestandteile des Begleitmaterials:
  - Der Lernende erhält das Informationsmaterial zum Fernunterrichtskurs noch vor Beginn des Fernunterrichtskurses.
  - Eine zielorientierte Beschreibung von Aufbau und Inhalt des Fernunterrichtskurses (z. B. Vorstellung der Fachgebiete, Unterstützung bei der Schwerpunktbildung und Hinweise zu Wahlmöglichkeiten innerhalb des Fernunterrichtskurses) ist beigefügt.

- Das Begleitmaterial enthält allgemeine unterrichtsübergreifende Lernhinweise (z. B. Hinweise zum eigenständigen Lernen und fernunterrichtsspezifischen
  Lern- und Arbeitstechniken) für die Einstiegsphase
  des Fernunterrichtskurses.
- Es gibt themenorientierte und fachdidaktische Informationen zu den einzelnen Lerneinheiten, Fächern, Teilzielen etc.
- Detaillierte Hinweise zu Abschlüssen und Prüfungen
  (z. B. Art und Voraussetzungen) wurden formuliert.
- Nicht notwendige Bestandteile des Begleitmaterials:
  - Zusatzmaterialien, die als Bindeglied zwischen Teil-
    bereichen des Fernunterrichtskurses dienen (z. B.
    spezifische Lernhinweise und zielorientierte Aufga-
    benstellungen, zusätzliche Lehr- / Lernmaterialien
    wie Stützkurse), sind nicht notwendig.

Baukasten-Fernunterrichtskurs
- Notwendige Bestandteile des Begleitmaterials:
  - Der Lernende erhält das Informationsmaterial zum
    Fernunterrichtskurs noch vor Beginn des Fernunter-
    richtskurses.
  - Eine zielorientierte Beschreibung von Aufbau und
    Inhalt des Fernunterrichtskurses (z. B. Vorstellung
    der Fachgebiete, Unterstützung bei der Schwer-
    punktbildung und Hinweise zu Wahlmöglichkeiten
    innerhalb des Fernunterrichtskurses) ist beigefügt.
  - Das Begleitmaterial enthält allgemeine unterrichts-
    übergreifende Lernhinweise (z. B. Hinweise zum ei-

genständigen Lernen und fernunterrichtsspezifischen Lern- und Arbeitstechniken) für die Einstiegsphase des Fernunterrichtskurses.

– Es gibt themenorientierte und fachdidaktische Informationen zu den einzelnen Lerneinheiten, Fächern, Teilzielen etc.

– Detaillierte Hinweise zu Abschlüssen und Prüfungen (z. B. Art und Voraussetzungen) wurden formuliert.

– Das Begleitmaterial enthält Zusatzmaterialien, die als Bindeglied zwischen Teilbereichen des Fernunterrichtskurses dienen (z. B. spezifische Lernhinweise und zielorientierte Aufgabenstellungen, zusätzliche Lehr- / Lernmaterialien, Stützkurse).

Entscheiden Sie für Ihren Fernunterrichtskurs, inwiefern es sinnvoll ist, die für den jeweiligen Unterrichtstyp nicht erforderlichen Bestandteile des Begleitmaterials Ihrem Informations- und Begleitmaterial dennoch beizufügen.

Fernunterrichtskurskonzept

Unabhängig davon, ob eine Zulassung oder erst vorläufige Zulassung beantragt werden soll, ist es grundsätzlich erforderlich, die Fernunterrichtskursplanung bereits abgeschlossen zu haben und bei Antragstellung der Staatlichen Zentralstelle für Fernunterricht (ZFU) vorzulegen. Innerhalb des Verfahrens werden sowohl die eingereichte Kursplanung als auch deren mögliche Umsetzung anhand einer exemplarischen Lernsequenz von unabhängigen Experten begutachtet und auf ihre fachwissenschaftliche Richtigkeit als auch auf ihre didaktische Aufbereitung geprüft.

Doch auch wenn weder eine Registrierung noch Zulassung eines Fernunterrichtskurses bezweckt wird, lohnt es, sich an den Vorgaben des Fernunterrichtsschutzgesetzes (FernUSG) sowie den sonstigen Regelungen und Empfehlungen der Staatlichen Zentralstelle für Fernunterricht (ZFU) zu orientieren. Daran ausgerichtete Bildungsangebote verhalten sich in aller Regel gesetzeskonform und berücksichtigen den Verbraucherschutz.
Darüber hinaus hat der Bildungsanbieter auf diese Weise zu einem persönlichen Qualitätsmaß gefunden und kann für die Planungen eigene Standards festlegen.

Nachstehende Ausführungen sollen deshalb nicht als auferlegte Normen im Sinne eines Dogmas betrachtet werden, die zu berücksichtigen sind, wenn eine Zertifizierung beabsichtigt wird. Viel mehr können sie eine Hilfestellung und Anregung für die Bildungsplanung sein, indem verglichen wird, welche Regelungen zutreffen und abgewogen wird, welche Teile der Konzeption einen Optimierungsbedarf haben. Die in der folgenden checklistenartigen Aufstellung enthaltenen Kriterien entsprechen überwiegend dem Leitfaden zur Begutachtung von Fernlehrgängen der Staatlichen Zentralstelle für Fernunterricht (ZFU). Vor Kontaktaufnahme empfiehlt sich jedoch, Einsicht in die Originaldokumente zu nehmen. Diese erhalten Sie auf der Unternehmensseite (*www.ZFU.de*).

Grundlagen und Fernunterrichtskursziele

Aus der abgeschlossenen Fernunterrichtskursplanung geht hervor, dass der Inhalt des Kurses geeignet erscheint, die Zielgruppe zum Erreichen der angestrebten Lernziele zu führen.
Der Fernunterrichtskurs berücksichtigt die unterschiedlichen Vorbildungen der Lernenden.
Sofern zutreffend: Der Fernunterrichtskurs ist nicht an ausbildungsgesetzliche oder sonstige Vorgaben gebunden und orientiert sich an den Anforderungen des Tätigkeitsfeldes bzw. Aufgabenprofils. Aktuelle bzw. absehbarere Veränderungen (z. B. Technisierung) werden bei der Zielformulierung berücksichtigt.

Die Fernunterrichtskursbezeichnung ist eindeutig formuliert. Sie entspricht den Grundlagen (z. B. Gesetz, Rahmenlehrplan, Prüfungsordnung, Aufgabenprofil) sowie den zu vermittelnden Qualifikationen.

Die Fernunterrichtskursziele entsprechen in ihrer Gesamtheit den (rechts-)verbindlichen Grundlagen (z. B. Gesetz, Rahmenlehrplan, Prüfungsordnung, Aufgabenprofil). Eventuelle Abweichungen werden ausreichend begründet.

Sofern zutreffend: Der Fernunterrichtskurs, der auf eine öffentlich-rechtliche bzw. staatliche Prüfung vorbereitet, berücksichtigt die Vorgaben, welche Fachkenntnisse und Kompetenzen in der Prüfung nachgewiesen werden müssen.

Sofern zutreffend: Die Informationen zu den abzulegenden Prüfungen (z. B. staatlich, öffentlich-rechtlich, institutsintern) und Orte der Prüfungsvorbereitung werden dem Lernenden mitgeteilt. Bundesländerspezifische Unterschiede werden berücksichtigt.

Die Fernunterrichtskursziele und Inhalte orientieren sich in Art und Umfang an den gesetzlichen Grundlagen und berücksichtigen die zu vermittelnden Kenntnisse, die Fähigkeiten, Fertigkeiten, und die zu erwerbenden Kompetenzen sowie bei staatlichen und öffentlich-rechtlichen Prüfungen die abgestimmten Inhalte.

Zielgruppe

Die Zielgruppe wird eindeutig definiert und die geplanten Maßnahmen zur Zielgruppenorientierung beschrieben.

Die Teilnahmevoraussetzungen am Fernunterrichtskurs werden formuliert (z. B. Vorwissen, Erfahrungen, vorausgesetzte Schul- und Berufsabschlüsse, erwartete einschlägige Berufserfahrungen mit Art und Dauer der Tätigkeit, sonstige mitzubringende Kenntnisse, Fertigkeiten bspw. hinsichtlich EDV-Anwendungen sowie notwendige technische Ausstattung).

Hinweise zu den Unterschieden hinsichtlich Teilnahmebedingungen (Kenntnisstand, Qualifikation etc.) am Fernunterrichtskurs und Zulassungsvoraussetzung gemäß Prüfungsordnung sind formuliert und bereits im Informationsmaterial kenntlich gemacht.

Die ggf. auch unterschiedlichen Lernvoraussetzungen der Lernenden sind bei der Fernunterrichtskursplanung zu berücksichtigen (z. B. didaktische Konsequenzen, Einstufungstests).

Es werden Maßnahmen zur Überwindung von Defiziten bezüglich fachlicher Vorbildung formuliert (z. B. ergänzendes Lernmaterial, besondere Betreuungsform, Vorkurse).

Die methodischen Anforderungen und erwarteten vorhandenen Lernerfahrungen wie selbstorganisiertes Lernen, Medienkompetenz etc. der Zielgruppe werden miteinander abgeglichen. Es werden Maßnahmen definiert, vorhandene Defizite zu überwinden.

Didaktische Entscheidungen wie inhaltliche, methodische, sprachliche Gestaltung und Aufbereitung orientieren sich an der definierten Zielgruppe.

Didaktischer Ansatz

Die Grundlagen und Fernunterrichtskursziele werden hinsichtlich der Konsequenzen für das didaktische Vorgehen analysiert.

Das didaktisch-methodische Vorgehen entspricht dem Fernunterrichtskurskonzept und ist geeignet, die angestrebten Lernziele, den Kompetenzerwerb und den geplanten Abschluss zu ermöglichen.

Es ist zu definieren, welches didaktisch-methodische Vorgehen bei welchem Lernziel gewählt wird (z. B. Theorievermittlung mit Praxisbeispielen). Es ist ausgewiesen, welche Lernziele die jeweilige Lernsequenz verfolgt (z. B. Faktenwissen, Erwerb bestimmter Kompetenzen).

Es werden geeignete Methoden sowie angepasste, realistische Handlungs- und Anwendungssituationen ausgewählt (z. B. Praxisfälle, Simulationen, Modellunternehmen), um den Wissens- / Kompetenzerwerb im Fernunterrichtskurs auf das Handeln in der Praxis auszurichten und Sozialkompetenzen zu erwerben.

Das schriftliche bzw. digitale Lernmaterial sowie dazugehörige Zusatzmedien werden unter Berücksichtigung der Ziele auch auf das didaktisch-methodische Vorgehen abgestimmt.

Neben den inhaltlichen und methodischen Anforderungen des Fernunterrichtskurses werden die Lernvoraussetzungen in der Detailplanung aufgenommen.

Der Fernunterrichtskursaufbau berücksichtigt ein angemessenes Verhältnis unterschiedlicher Lernphasen.

Es existiert ein Zeitraster, aus dem die zeitliche Abfolge der geplanten Lernphasen (Selbstlern-, Präsenz-, Onlinephasen) zu entnehmen ist. Die Phasen entsprechen den Lernzielen.

Lernen anhand des schriftlichen Lernmaterials, elektronischer und sonstiger (Lern-) Medien wird sinnvoll mit begleitendem Unterricht wie z. B. Präsenzphasen verknüpft (z. B.

Selbstlernphasen für kognitive Lernziele, Präsenzphasen für verhaltensbezogene Lernziele). Art und Umfang der einzelnen Phasen sind klar beschrieben.

Es wird darauf hingewiesen, inwiefern die Teilnahme an Präsenzseminaren sowie anderen Phasen (z. B. Online-Lesekurse) obligatorisch bzw. erfolgsentscheidend ist.

Die geplanten Online-Aktivitäten werden detailliert geplant und Aussagen zu notwendiger technischer Ausstattung getroffen.

Durch eine realistische Ablaufplanung (hinsichtlich der Gesamtdauer und zeitlichen Gewichtung der Teilgebiete) werden sowohl Unter- als auch Überforderung der Lernenden vermieden.

Es wird die Gesamtdauer des Fernunterrichtskurses sowie die zeitliche Inanspruchnahme der Lernenden bei der Bearbeitung von Selbststudienmaterial und Zusatzmedien (Richtwert: 2 Stunden täglich bzw. 12 Stunden wöchentlich) berücksichtigt.

Die Inhalte werden für den Lernenden mit Praxisaufgaben verbunden und Beispiele mit Anwendungssituationen und Erkenntnissen verknüpft (z. B. Statistiken, Konzepte, Anwendersoftware).

Die Lernenden werden entsprechend der Lernziele zu Eigen-
aktivitäten aufgefordert (z. B. Denkanregung durch aktives
Einbinden in die Erarbeitung von Inhalten, Erarbeitung von
Wissen, Konzipierung eigener Lösungswege).

Ein Transfer in die Praxis wird ermöglicht und auf Konflikte
hingewiesen.

Die Lernenden erhalten eine strukturierte Anleitung zum
Umgang mit dem Lernmaterial sowie zum selbstgesteuerten
Lernen (z. B. Lernleitfäden, methodische Begleithefte, Stu-
dierhinweise).

In angemessenen Abständen und in bedarfsgerechter Form
werden Zusammenfassungen und Wiederholungen angeboten.

Die Art und der Umfang der Betreuung werden für jede
Lernphase geplant.

Das Gesamtlernarrangement des Fernunterrichtskurses
umfasst Aussagen zu den Grobzielen bspw. lernziel- oder
handlungsorientiert, den inhaltlichen Schwerpunkten, der
umfassenden Gliederung aller Lerninhalte in der vorgesehenen Reihenfolge, dem Einsatz der verschiedenen

Medien und Methoden sowie den Lernorten.

Die didaktische Umsetzung hat Selbstlern- und Präsenz-phasen, sofern zutreffend auch elektronische Kommu-nikation, Lernplattformen und Online-Phasen zu berück-sichtigen.

Gesamtstruktur inklusive Lerninhalte / -felder

Die Fernunterrichtskursziele werden detailliert beschrieben und im Zusammenhang mit den Lerninhalten, Methoden und Medien dargestellt.

Für den Fernunterrichtskurs wird ein zeitlicher wie inhaltli-cher Ablauf erstellt.

Die systematisch gegliederte Lehrstoffauswahl beinhaltet alle relevanten Inhalte, entspricht dem Fernunterrichtskursziel und wird didaktisch lernzielorientiert aufbereitet.

Die stoffliche Gewichtung ist hinsichtlich des Fernunter-richtskursziels und der Prüfungsanforderung angemessen.

Die Darstellungen der Inhalte erfolgt gendergerecht.

Künftige Aktualisierungen sind sichergestellt.

Abschluss- und Zertifikatsmöglichkeiten werden definiert.

Sofern zutreffend: Abweichungen zu den Rechtsgrundlagen werden begründet.

Die Beschreibung der Gesamtstruktur umfasst die Lerninhalte, Methoden, Lernorte, das Medium und den Umfang (z. B. Seitenzahl, Lerndauer).

Einführung in den Fernunterrichtskurs

Die Planung umfasst eine Einführung in den Fernunterrichtskurs, in welcher dem Lernenden die allgemeinen wie speziellen Anforderungen, Lernvoraussetzungen etc. verdeutlicht werden.

Es wird eine geeignete Auswahl an schriftlichen und persönlichen Informationen sowie praktischen Übungen getroffen (z. B. schriftliche Fernunterrichtskursanleitung, Einführungspräsenzworkshop).

Bei der Einführung in den Fernunterrichtskurs werden u. a. folgende Themen angesprochen: Techniken effektiver Wissensaneignung und Lernstrategien, methodische Vorgehensweisen, Umgang mit Lernplattformen, Zeitmanagement, Betreuungsarten, Kommunikationsformen wie z. B. virtuelle Lerngruppen, Lernforen, betreute Lesekurse.

Die Lehrkräfte sind entsprechend ihrer Ausbildung und beruflichen Qualifikation, ihrem beruflichen Werdegang, ihrer Fort- und Weiterbildung und den Kenntnissen in der Erwachsenenbildung sowie ihrer gegenwärtig und bisher ausgeübten Tätigkeiten befähigt, den Fernunterrichtskurs zu begleiten.

Bei der Planung wird berücksichtigt, in welcher Art und Weise die fachliche, technische und organisatorische Betreuung erfolgt (z. B. Ansprechpartner, Betreuungszeiten, Lernerfolgskontrollen).

Betreuung

Es ist eine persönliche fachliche und pädagogische Beratung vorgesehen.

Die betreuerischen Aufgaben und Zuständigkeiten werden definiert (z. B. Ansprechpartner für Korrektur, Unterricht, Betreuung).

Es wird ein Anforderungsprofil der Betreuer pro Aufgabenbereich (allgemein, fachlich, technisch, ...) erstellt.

Die pro Aufgabenbereich (allgemein, fachlich, technisch, ...) benötigten Qualifikationen werden mit den bei den Lehrenden, Tutoren etc. vorhandenen Kompetenzen abgeglichen (z. B. mediendidaktische Kompetenzen wie Moderationstechniken).

Zur Wahrnehmung ihrer Aufgaben erhalten die Lehrenden die notwendige Unterstützung (z. B. Bereitstellung von Lern- und Lehrmaterial, angelegte Online-Foren, Moderationskurse).

Es ist geplant, dass die Lehrenden in das didaktische Konzept des Fernunterrichtskurses eingeführt und über den Inhalt der von ihnen nicht betreuten Phasen unterrichtet werden.

Es wird generell eine gendergerechte Sprache verwendet (z. B. in Informationsmaterial oder bereitgestellten Lernmaterial). Die Lehrenden werden darauf hingewiesen.

Bei der Planung wird berücksichtigt, in welcher Art und Weise die fachliche, technische und organisatorische Betreuung erfolgt (z. B. Ansprechpartner, Betreuungszeiten, Lernerfolgskontrollen).

Informationsmaterial

Im Informationsmaterial für die Lernenden wird die Zielgruppe des Fernunterrichtskurses eindeutig formuliert.

Über Fernunterrichtskursziel, Zulassungs- und Prüfungsbedingungen, Inhalt und Fernunterrichtskursaufbau, Zeitplanung und Zeitbedarf sowie Nutzungsmöglichkeiten von Konsultationen (z. B. Ansprechpartner und Betreuungszeiten) sind im Informationsmaterial umfassende Aussagen enthalten.

Den Lernenden wird ein detaillierter Zeitplan zur Verfügung gestellt (z. B. Fernunterrichtskursdauer, Abfolge und Dauer der Lernphasen, tägliches / wöchentliches Lernpensum, Prüfungstermine, sonstige Termine). Es ist ausgewiesen, inwiefern Präsenz- oder Onlinephasen obligatorisch und zum erfolgreichen Absolvieren des Fernunterrichtskurses unerlässlich sind.

Die inhaltlichen und methodischen Anforderungen des Fernunterrichtskurses, erwarteten Vorkenntnisse und technischen Voraussetzungen werden beschrieben.

Die Lernenden erhalten Hinweise zu den obligatorischen und fakultativen Lernerfolgskontrollen.

Sofern zutreffend: Die im Fernunterrichtskurs enthaltenen Wahlmöglichkeiten sind lernerorientiert aufbereitet.

Es wird formuliert, welche Art und Intensivität an Prüfungs-vorbereitung der Fernunterrichtskurs leistet.

Sofern zutreffend: Die Lernenden werden auf Unterschiede hinsichtlich Zulassungsbedingungen zum Fernunter-richtskurs und Prüfungsbedingungen der prüfenden Stelle hingewiesen. Regional unterschiedliche Prüfungsordnungen werden kenntlich gemacht.

Fernunterricht bedingt eine räumliche Trennung zwischen Lernenden und Lehrenden.
Für die Betreuung werden zwischenzeitlich vermehrt eMail und andere elektronische Kommunikationsmittel genutzt.
Die Qualifikation der Lehrenden und bereitgestellten Infor-mationen entscheiden u. a. über die Qualität.

Fernunterrichtskurselemente

Zu den Fernunterrichtskurselementen zählen u. a. das Lernmaterial, die Lernerfolgskontrollen, die Lernplattform, die Präsenzphasen sowie die Prüfungsvorbereitung.

Lernmaterial

Das Lernmaterial entspricht in Themenauswahl und Gewichtung dem Fernunterrichtskurskonzept und ist zur Verwirklichung der Ziele geeignet.

Es werden alle prüfungsrelevanten Inhalte berücksichtigt und fakultative, nicht prüfungsrelevante Inhalte gekennzeichnet.

Die Themen sind angemessen gewichtet.

Die Inhalte sind repräsentativ für die Praxis.

Aktuelle Entwicklungen im beruflichen Tätigkeitsfeld werden berücksichtigt.

Die Darstellung der Inhalte ist aktuell, ausgewogen, widerspruchsfrei und fachlich nicht zu beanstanden.

Auf abweichende Lehrmeinungen wird hingewiesen.

Es ist ein Bearbeitungsstand angegeben.

Die Inhalte werden verständlich dargestellt (z. B. mittels anschaulicher, praxisnaher Beispiele, Erklärung von Fachtermini und Denkanstößen).

Ergänzend werden dem Lernenden Lernhilfen zur Verfügung gestellt (z. B. Glossare, Literaturverzeichnis, Lernleitfäden zum Erschließen von Fachtexten, Lernzielangaben, Charts).

Es gibt ein Glossar und ein Stichwortverzeichnis, in denen alle wichtigen Begriffe mit prägnanten Erläuterungen enthalten sind. Die Begriffe sind durch Querverweise vernetzt.

Das Literaturverzeichnis ist übersichtlich, entspricht den Anforderungen des Themengebietes und der Zielgruppe und bietet Querverweise zum Lernmaterial (z. B. Unterscheidung in Pflicht- und Wahllektüre, einführende und weiterführende Literatur).

Literaturangaben werden zwischen notwendiger und empfohlener Literatur unterschieden.

Literaturangaben, Zitate, Grafiken, Tabellen und Beispiele genügen der Rechtsprechung, sind aktuell und die Quellen ausreichend belegt. Eine Urheberrechtsverletzung wird somit vermieden.

Die Auswahl der unterschiedlichen Medien erfolgt angemessen und in einem sinnvollen Zusammenhang (z. B. Videoaufzeichnung zur Veranschaulichung von kommunikativen Prozessen).

Sofern zutreffend: Selbstentwickelte Lernmaterialien und die darin verwendeten wesentlichen Gestaltungsmittel entsprechen dem gewählten didaktischen Ansatz.

Sofern zutreffend: Externe Lernmaterialien sind für den Fernunterrichtskurs geeignet und entsprechen dem Anforderungsniveau und dessen didaktische-methodische Grundorientierung.

Alle Lerneinheiten werden nach dem gleichen Prinzip aufgebaut. Definitionen und Begriffe werden über alle Fernunterrichtskursteile hinweg einheitlich verwendet. Bei Abweichungen wird darauf hingewiesen.

Bei der Gestaltung der Lernmaterialien wird sowohl den medienübergreifenden als auch medienspezifischen Anforderungen Rechnung getragen.

Die Gestaltung der Lernmaterialien ist wahrnehmungsfreundlich und ermöglicht eine problemlose Orientierung (z. B. Orientierungsmarken, wichtige Inhalte hervorgehoben).

Das Seitenlayout ist übersichtlich strukturiert und enthält angemessene Leerflächen.

Die Textmenge pro Seite ist angemessen. Bei Bildschirmseiten wird die Textlänge mit der üblichen Bildschirmauflösung abgeglichen, so dass ein stetiges Scrollen vermieden wird.

Die Schriftgröße, der Schrifttyp, die Zeilenlänge und der Zeilenabstand sind im Verhältnis ausgewogen, der Thematik angepasst und wahrnehmungsfreundlich.

Abbildungen, Visualisierungen, Tabellen und Animationen sind mit Quellenangabe dem Text angepasst wahrnehmungsfreundlich ausgewählt.

Die Aufbereitung der Lernmaterialien unterstützt das selbstgesteuerte Lernen (z. B. Lerntempo wählbar, der aktuelle Bearbeitungsstand ist erkennbar und der individuelle Bearbeitungsstand speicherbar).

Die technischen Lernprodukte lassen sich einfach und problemlos installieren, reagieren absturzfrei auch gegenüber Fehleingaben, haben eine zumutbare Ladezeit, verfügen über eine gute Bild- und Tonqualität. Digitale Lernseiten können auf Wunsch ausgedruckt werden.

Die Lernmaterialien werden mit einer fachlich-inhaltlichen Qualität sowie didaktischen Qualität angefertigt. Ihre Gestaltung und Aufbereitung wird gendergerecht bzw. genderneutral dargestellt.

Algorithmen, wiederkehrende Denkfiguren und Problemlösungsstrategien werden gefördert.

Das Anforderungsniveau und die Art der Darstellung entsprechen der Zielgruppe (z. B. lernwirksame, angemessene Darstellung der Inhalte / Texte und Informationsdichte, Erschließungs- und Verarbeitungshilfen).

Das Anforderungsniveau ist auf Lernende mit unterschiedlichen Voraussetzungen zugeschnitten.

Der Lehrstoff ist in überschaubare Lerneinheiten mit wiederkehrenden Prinzipien gegliedert (z. B. wiederkehrende Textelemente, einheitliche Termini, Gestaltung mit Wiedererkennungseffekt, einheitliches System an Über- und Unterschriften).

Informationen werden in unterschiedlichen Darstellungsformen wiederholt.

Der Aufbau des Lernstoffs ermöglicht dem Lernenden Teilziele zu erreichen.

Es gibt eine Gesamtübersicht über den Lehrstoff sowie ein überschaubares und aussagekräftiges Inhaltverzeichnis je Lerneinheit.

Gliederungsprinzipien, inhaltliche Strukturierung der Lerneinheiten, methodisches Vorgehen sowie der Stellenwert der einzelnen Lerneinheiten im Gesamtcurriculum werden dem Lernenden verdeutlicht. Lernziele sind definiert und erkennbar.

Es werden Bezüge zu vorhergehenden und nachfolgenden Lerneinheiten hergestellt.

Der Sprachgebrauch ist verständlich und entspricht dem Sprachgebrauch in der Wissenschaft und Berufspraxis.

Die Gestaltung spricht unterschiedliche Lerntypen an (z. B. Anschauungselemente wie Abbildungen und Visualisierungen, die mit dem Text verknüpft oder mit Aufgaben verbunden werden.

Für die Verarbeitung des an das Vorwissen anknüpfenden Textes und das Behalten werden unterstützende Mechanismen eingesetzt (z. B. Schaubilder, Begriffsnetze, Zusammenfassungen, lernwirksame Positionierung des Textes).

Neuer Text knüpft an das Vorwissen der Lernenden an (z. B. Anknüpfen an Lebenserfahrungen, Vergleich mit Bekanntem, Vorwissen aus vergangenen Lektionen, inhaltliche Verknüpfungen im Lernmaterial durch Querverweise).

Die Lehrskripte sind eindeutig gekennzeichnet mit Unterrichtsfach, Nummer, Titel, Bearbeitungsstand.

Unter Lernmaterial sind alle Lernmedien zu verstehen, die den Lernenden zur Selbstlernphase zur Verfügung gestellt werden, z. B. Lehrbriefe, Fachliteratur, Fallbeispiele, Videos, Audiomaterial, Lerncomputerprogramme.

Aufgaben / Lernerfolgskontrollen

Das Fernunterrichtskonzept beinhaltet Aufgaben und Lernerfolgskontrollen.

Die Aufgaben zur Lernerfolgskontrolle sind im Hinblick auf Anzahl, Anforderungsniveau und lernfördernde Gestaltung verständlich formuliert und geeignet, den kontinuierlichen

Stand von Wissenserwerb, erworbenen Fähigkeiten und Kompetenzen zu prüfen sowie die Fernunterrichtskursziele zu verwirklichen.

Es werden alle wichtigen und prüfungsrelevanten Themen bei der Aufgabenstellung in Form von Wissens-, Verständnis-, Anwendungs- und Problemlösungsfragen, komplexen, fächer- bzw. lernsequenzübergreifenden sowie fächerintegrativen Aufgaben berücksichtigt.
Bei der Bearbeitung werden erworbene Kompetenzen und Transferleistungen vom Lernenden abverlangt und weiterentwickelt.

Es gibt ergänzende Aufgaben, die das berufliche Handeln erfahrbar machen (z. B. Lösung von Gruppenaufgaben) sowie Aufgaben, die auf eine vollständige Handlung abzielen, d. h. einen Planungs-, Durchführungs- und Bewertungsteil enthalten.

Einzelne Aufgaben sind so gekennzeichnet, dass sie den jeweiligen Lerneinheiten zugeordnet und zeitnah bearbeitet werden können.

Die Aufgaben sind strukturiert und miteinander verbunden. Eine Bearbeitungszeit ist angegeben.

Zum Zeitpunkt der Aufgabenbearbeitung verfügt der Lernende über das nötige kognitive und methodische Handwerkszeug sowie die notwendigen Informationen, was ihm das Lösen der Aufgabe ermöglicht.

Die Aufgaben regen den Lernenden zum selbständigen Denken an und folgen dem Prinzip der Motivation.

Die Aufgabenarten haben ein steigendes Anforderungsniveau, das dem Lernfortschritt angemessen ist (z. B. zunehmend komplexer). Komplexe Aufgaben werden in Teilschritte gegliedert.

Die Anzahl und Platzierung der geplanten Lernerfolgskontrollen stellen eine ausreichende und kontinuierliche Überprüfung des Lernerfolgs dar. Mindestens zu den wichtigsten Fernunterrichtskursinhalten werden Aufgaben eingeplant.

Es ist garantiert, dass die Lernerfolgskontrollen in einer angemessenen Qualität erfolgen.

Für absolvierte Lernerfolgskontrollen wird dem Lernenden eine verständliche, aussagekräftige, hilfreiche sowie zeitnahe Lernerfolgsrückmeldung zugestellt. Dazu werden die Art (Standard / individuelles Feedback) und die Rücklauffrequenz (spätestens 2 Wochen nach Einsendung) der Korrekturaufgaben definiert. Die Lösungen enthalten nicht nur das Ergebnis, sondern auch einen nachvollziehbaren Lösungsweg.

Den Lehrenden werden Kontrollhinweise übergeben.

Standardisierte Korrekturen sind zu vermeiden und nur anzuwenden, wenn es sowohl der Lehrstoff als auch das Lernverständnis zulassen.

Leistungsbewertungen werden von dem Korrektor und dem Bildungsanbieter registriert.

Für Selbstkontrollaufgaben wird definiert, wie der Vergleich mit einer Lösung stattfindet (z. B. Online-Test mit direkter Auswertmöglichkeit). Die Lösungen / Lösungsempfehlungen ermöglichen die Selbstbeurteilung.

Dem Lernenden wird verdeutlicht, wie er mit dem Arbeitsergebnis umzugehen hat.

Die Bewertungskriterien sind transparent. Bei einem handlungsorientierten Ansatz wird der Lösungsoffenheit Rechnung getragen.

Lernerfolgskontrollen unterscheiden sich in Fremdkontrollaufgaben (der Bildungsanbieter prüft den Lernerfolg des Lernenden) und Selbstkontrollaufgaben (der Lernende prüft seinen eigenen Lernerfolg).

Präsenzphasen

Präsenzphasen werden gezielt für die Lernziele und Methoden genutzt, die durch andere Medien nicht oder nur teilweise umgesetzt werden können (z. B. schriftliches Lernmaterial in der Selbstlernphase).

Die Präsenzphasen mit ihren geplanten Lernzielen, Methoden, Zeitanteilen sind dem Gesamtlernarrangement angepasst und didaktisch begründet.

Die geplanten Methoden ermöglichen das Erreichen der geplanten Lernziele sowie die Entwicklung von Sozialkompetenz.

Die Auswahl der zu verwendenden Techniken und Medien sind dem Fernunterrichtskursziel angepasst und entsprechen dem Anforderungsniveau des Tätigkeitsfeldes.

Für die Inhalte der Präsenzphasen sind Lernerfolgskontrollen vorgesehen.

Präsenzphasen sind auf praktische Umsetzung ausgerichtet und sind nicht mit Wiederholung bzw. Vermittlung fachlicher Inhalte zu belasten. Die thematischen Schwerpunkte sind weniger fachlich als handlungsorientiert.

Die Lerninhalte passen zur Thematik. Eine Über- sowie Unterforderung wird vermieden.

Für die Präsenzphasen wird eine thematische Gliederung mit der Angabe der Dauer sowie eine zeitlicher Einordnung in das Gesamtgefüge des Fernunterrichtskurses erstellt.

Präsenzphasen werden durch die Lernenden mittels gestellter Aufgaben vorbereitet.

Präsenz-, Selbstlern- und Online-Phasen und darin enthaltene Lerneinheiten sind sinnvoll miteinander verknüpft. Für die Umsetzung steht ausreichend Zeit zur Verfügung.

Es wird definiert, welche Präsenzphasen fakultativ und welche obligatorisch sind.

Präsenzphasen sind insbesondere für die Entwicklung von Sozialkompetenzen, die Einführung in praktische Fertigkeiten, den Erfahrungsaustausch und die Prüfungsvorbereitung von Bedeutung. Ihre inhaltliche, methodische und zeitliche Ausrichtung muss dem Ziel angemessen sein.

Elektronische Kommunikationsmöglichkeiten

Der Einsatz und die Auswahl von elektronischen Kommunikationsmöglichkeiten wie auch Lernplattformen ist im Hinblick auf die verfolgten Lernziele angemessen und didaktisch begründet (z. B. Betreuung, Bereitstellung von Lernmaterial, Wissensvermittlung, Austausch).

Für den Lernenden wird formuliert, in welchem Fall es sich um ein obligatorisches Angebot handelt.

Zur Verwirklichung verschiedener Lernziele werden bei Bedarf unterschiedliche Methoden eingesetzt (z. B. betreutes / unbetreutes Forum, virtuelle Lerngruppen, Chats).

Es werden dem Ziel angemessene Lernimpulse eingeplant (z. B. durch Lehrende und seitens der Bildungsanbieter).

Die Planung sieht einen Austausch der Lernenden untereinander vor (z. B. Forum für virtuelle Lerngruppen).

Für die Online-Phase werden geeignete Themen ausgewählt.

Die Online-Phase ist mit anderen Phasen, z. B. Präsenzphasen verknüpft.

Die ausgewählten Methoden eignen sich zur Zielerreichung.

Der Zusammenhang zwischen Lernabschnitt und Gesamtlernziel ist jederzeit ersichtlich.

Die inhaltliche Gestaltung ist lernerorientiert.

In FAQs stehen Antworten zu häufig gestellten Fragen.

Die Lernplattform ist bedienungsfreundlich, bietet eine problemlose Orientierung und unterstützt den Lernprozess sowie das selbstorganisierte Arbeiten (z. B. mittels Informationen zum Bearbeitungsstand, Lesezeichenfunktion und Literaturverwaltung).

Organisatorische Bereiche werden von Lernforen getrennt.

Navigationsfunktion und andere gestalterische Elemente sind transparent und wiederkehrend.

Groupware und Forenfunktionen lassen neue Beiträge erkennen.

Diskussionspfade sind aussagekräftig betitelt und übersichtlich gegliedert.

Die Logik der Zuordnung der Beiträge zu den einzelnen Diskussionsforen wird überwacht.

Der Lernprozess wird kompetent begleitet und gesteuert (z. B. angemessene Reaktionszeit der Lehrenden, Anregung zur Mitarbeit, zweckmäßiges Zeitmanagement, konkrete Termine und Themen für Chats oder Lesekurse).

Die Kommunikation wird zwischen Lernenden und Lehrenden sinnvoll technisch unterstützt.

Elektronische Kommunikationsmöglichkeiten wie auch Lernplattformen sollen das Erreichen des Fernunterrichtskurszieles unterstützen.

Prüfungsvorbereitung

Wenn der Fernunterrichtskurs mit einer Prüfung abschließt, finden im begleitenden Unterricht entsprechende Prüfungsvorbereitungen statt (z. B. durch Beispielklausuren).

Die Prüfungsvorbereitung wird inhaltlichen und methodischen geplant.

Die Prüfungsvorbereitung umfasst ein prüfungsnahes Training des schriftlichen und mündlichen Prüfungsablaufes (z. B. Probeklausur oder Simulation mündlicher Prüfung mit anschließendem individuellen Feedback).

Bereits während des Fernunterrichtskurses werden (auch) Aufgabentypen mit Prüfungsrelevanz angeboten.

Die Lernenden erhalten ausführliche Informationen über die Prüfungsbedingungen und den Prüfungsablauf (z. B. Prüfungsorte, Hinweis auf abweichende Prüfungsordnungen, Verwendung von Hilfsmitteln wie Wörterbücher, Gesetzestexte, Aufzeichnungen oder Taschenrechner, Dauer, Anzahl und Gewichtung der Prüfungsteile, Benotungsverfahren, Wiederholbarkeit, Konsequenzen bei Nichtbestehen).

In der Prüfungsvorbereitung geht es um die Vermittlung von Fachwissen und Kompetenzen sowie um das Trainieren des Prüfungsprocedere.

Evaluation

Die Planung umfasst Methoden, die zur Evaluation des Fernunterrichtskurses vorgesehen sind und in welcher Frequenz die Daten erhoben werden (z. B. Fragebogen am Ende des Fernunterrichtskurses).

Nach der Durchführung eines Fernunterrichtskurses wird dieser einer Evaluation unterzogen.

Die angewendeten Datenerhebungsmethoden sind geeignet, den Lernerfolg einzuschätzen und organisatorische sowie didaktische Konsequenzen zu ziehen (z. B. Fragen zu Präsenz- und Online-Phasen, Form und Aktualität sowie Verständlichkeit des Lernmaterials, Zeitplanung, Transfer und Verwertbarkeit in der Praxis, Qualität der Betreuung / Moderation).

Innerhalb der Datenerhebung ist die Objektivität gewährleistet (z. B. durch standardisierte Fragebögen).

Die verwendeten Fragen sind konkret und eindeutig formuliert.

Die Evaluation umfasst die Betrachtung, inwiefern das Ziel erreicht wurde und welche Kenntnisse insbesondere aufgenommen wurden.

Es wird definiert, ob Online-Aktivitäten beobachtet und ausgewertet werden.

Datenschutz- und Persönlichkeitsrechte werden beachtet.

Die Evaluationsergebnisse werden analysiert, bewertet und es werden daraus Maßnahmen abgeleitet.

Die Umsetzung abgeleiteter Maßnahmen ist zeitlich und personell besetzt.

Die Evaluation dient durch Sammeln und Auswerten von Daten dem Zweck der Qualitätsentwicklung und -sicherung sowie um das Trainieren des Prüfungsprocedere.

Teilnehmerfeedback

Die Teilnehmer eines Fernunterrichtskurses erhalten die Möglichkeit zu einem mündlichen oder schriftlichen Feedback.

Die verwendeten Fragen sind konkret und eindeutig formuliert.

Die Fragen beziehen sich auch auf die Bereiche der Zeit (z. B. Tempo), der Inhalte (z. B. Fülle, Themen) und der Motivation.

Bei Kündigungen ist eine Motivbefragung vorgesehen.

Die Datenerhebung bezieht unterschiedliche Beteiligte ein.

Das Teilnehmerfeedback dient der Evaluation eines Fernunterrichtskurses.

Bedingung und rechtlicher Rahmen

Der Fernunterrichtskurs entspricht den gesetzlichen Bestimmungen.

Der Fernunterrichtsvertrag ist gesetzeskonform und wird schriftlich zwischen dem Lernenden und dem Bildungsanbieter abgeschlossen.

Das Informations- und Werbematerial ist informativ und enthält alle notwendigen Angaben.

Die Fernunterrichtskursinhalte und -gestaltungen sowie Verträge und Informationen entsprechen den gesetzlichen Anforderungen. Auch der Datenschutz und die Persönlichkeitsrechte werden gewahrt.

Diese und weitere Informationen erhalten Sie im Leitfaden für die Begutachtung von Fernlehrgängen, herausgegeben vom Bundesinstitut für Berufsbildung in Bonn und der Staatlichen Zentralstelle für Fernunterricht in Köln sowie auf den Internetseiten der ZFU (*www.ZFU.de*).

Schreiben Sie nicht nur auf, was Sie planen, sondern auch, warum Sie es so und nicht anders tun.

Rechte und Pflichten des Anbieters

Das Fernunterrichtsschutzgesetz (FernUSG) verhilft dem Bildungsanbieter einen gesetzeskonformen Fernunterrichtskurs aufzustellen. Ergänzende Unterlagen der Staatlichen Zentralstelle für Fernunterricht (ZFU) unterstützen ihn dabei. Auf wesentliche Aspekte wurde bereits hingewiesen. Dennoch sollen an dieser Stelle nochmals einige Umstände erwähnt werden, die Ordnungswidrigkeiten darstellen und unbedingt zu vermeiden sind.

Angebot nicht angezeigter Fernunterrichtskurse
– Nicht gestattet ist, einen anzeigepflichtigen Fernunterrichtskurs ohne vorhergehende Antragstellung bei der Zentralstelle für Fernunterricht (ZFU) anzubieten.

Keine Mitteilung wesentlicher Änderungen
– Nicht gestattet ist, einen anzeigepflichtigen Fernunterrichtskurs anzubieten, wenn wesentliche Änderungen der Staatlichen Zentralstelle für Fernunterricht (ZFU) nicht bekanntgegeben wurden.

Lernmaterial
– Nicht gestattet ist, die vereinbarten Zeitabstände der Lieferung des Lernmaterials unbegründet zu verzögern oder anderweitig nicht einzuhalten.

Lernerfolgskontrolle
- Nicht gestattet ist, die Lernerfolgskontrollen nicht, nur in einem unangemessenen Zeitraum oder anderweitig nicht qualitätskonform durchzuführen.

Lernunterstützung
- Nicht gestattet ist, eine vereinbarte Lernunterstützung nicht oder nur unangemessen zu gewähren.

Kursgebühr
- Nicht gestattet ist, die Gesamtkursgebühr anderweitig einzufordern als in Teilzahlungen von maximal vierteljährliche Raten.
  - Ausnahmen gelten (im angemessenen Rahmen) für bewegliche Sachen, die nicht Bestandteil des Lernmaterials sind, z. B. CD-Rekorder, Sammelordner bzw. wenn der Lernende einen anderen Zeitabstand der Lieferung wünscht.
- Nicht gestattet ist, dass die Schlussrate die Gesamtkursgebühr übersteigt.

Zusätzliche Gebühren
- Nicht gestattet ist, außer der vereinbarten Vergütung zusätzliche Gebühren zu erheben.

Kauf- oder Gebrauchsverpflichtungen
- Nicht gestattet ist, Kauf- oder Gebrauchsverpflichtungen zu vereinbaren, die nicht mit den Zielen des Fernunterrichtskurses in Verbindung stehen.

Unvollständiges Informationsmaterial

- Nicht gestattet ist, Informationsmaterial zu übermitteln, dass keinen vollständigen Überblick über die Vertragsbedingungen und die Anforderungen an den Lernenden enthält.
- Nicht gestattet ist, den Hinweis auf eine vorläufige Fernunterrichtskurs-Zulassung zu verschweigen.

Unerlaubte Werbung

- Nicht gestattet ist, die Anerkennung eines unentgeltlichen Fernlehrgangs vom Bundesinstitut für Berufsbildung zur geschäftlichen Werbung für Fernunterrichtskurse zu nutzen.

Werbungs- und Beratungsbesuche

- Nicht gestattet ist, Werbungs- oder Beratungsbesuche abzustatten, ohne zuvor Informationsmaterialien verschickt zu haben und schriftlich um den Besuch gebeten worden zu sein.

Vereinbarungen zu Lasten des Lernenden

- Nicht gestattet ist, Vertragsstrafen zu Lasten des Lernenden zu vereinbaren.
- Nicht gestattet ist, pauschale Schadenersatzbeträge zu Lasten des Lernenden zu vereinbaren.
- Nicht gestattet ist, zu Lasten des Lernenden Schadenersatzansprüche auszuschließen bzw. diese zu beschränken.
- Nicht gestattet ist, vom Lernenden einen Verzicht auf bestehende Rechte einzufordern.

Irreführende Teilnahmebescheinigungen
- Nicht gestattet ist, dem Lernenden eine irreführende Teilnahmebescheinigung auszustellen.

Auskunftspflicht
- Der Bildungsanbieter ist gegenüber den zuständigen Behörden und sofern zutreffend gegenüber dem Bundesinstitut für Berufsbildung auskunftspflichtig. Das gilt auch für bereits zugelassene Fernunterrichtskurse.
- Bei Gefahr einer Straftatverfolgung kann der Auskunftspflichtige Angaben verweigern.
- Die Behörde selbst hat Geheimhaltungspflicht zu getroffenen Angaben hinsichtlich persönlicher oder sachlicher Verhältnisse.
- Nicht gestattet ist, der Auskunftspflicht nicht oder nur unvollständig nachzukommen.

Gerichtsstand
- Für Streitigkeiten zwischen dem Lernenden und dem Bildungsanbieter ist das Gericht zuständig, in dessen Bezirk der Lernende seinen allgemeinen Gerichtsstand hat.
- Eine schriftlich zu vereinbarende Abweichung ist nur zulässig, wenn der Lernende seinen Wohnsitz oder seinen gewöhnlichen Aufenthaltsort aus dem Geltungsbereich dieses Gesetzes verlegt oder dieser unbekannt ist.

Die Rechte leiten sich aus dem Gesetz und den Pflichten des Lernenden ab.

Rechte und Pflichten des Lernenden

Zahlungspflicht
- Der Lernende ist verpflichtet, der ordnungsgemäßen Zahlungsaufforderung nachzukommen.

Kündigungsrecht
- Der Lernende kann schriftlich kündigen
    - erstmals nach 6 Monaten, danach vierteljährlich.
- Die Kündigung muss 6 Wochen vor dem Kündigungstermin eingegangen sein.
- Ein Sonderkündigungsrecht bleibt unberührt. Es ergibt sich eine Vergütungspflicht für die erbrachten Leistungen während der Vertragslaufzeit.

Widerrufsrecht
- Der Lernende hat ein Widerrufsrecht, das nach Erhalt der ersten Lernmateriallieferung beginnt und
- mit Erfüllung des Vertrages bzw. spätestens 6 Monate nach Erhalt der ersten Lieferung erlischt.

Widerrufsfrist
- Die Widerrufsfrist bei Verträgen mit Teilzahlungen beginnt erst, wenn
    - der Lernende eine Abschrift erhält, die die erforderlichen Angaben u. a. zu Gesamt- und Teilzahlungsbetrag, Fälligkeit der einzelnen Teilzahlungen, im Zusammenhang mit der Teilzahlung stehende Kosten

für Versicherung sowie Vereinbarung eines Eigentumsvorbehalts oder einer anderen zu bestellenden Sicherheit beinhaltet.

Gemischte Verträge

Es gibt Fernunterrichtsverträge, die ausschließlich den Fernunterricht inklusive Lernmaterialien umfassen. Darüber hinaus gibt es gemischte Verträge. Diese beinhalten hingegen

– den Fernunterricht inklusive Lernmaterialien
  und
– eine bewegliche Sache, die nicht zu den Lernmaterialien gehört, z. B. CD-Rekorder.

Kündigt der Lernende einen gemischten Vertrag,
– wird zunächst nur der Bestandteil Fernunterricht inklusive Lernmaterialien gekündigt
  und
– der Bildungsanbieter hat auf das Rücktrittsrecht für die bewegliche Sache, die nicht zu den Lernmaterialien gehört, hinzuweisen.

Nach Wirksamwerden der Kündigung
– kann der Lernende innerhalb von zwei Wochen vom Teil der beweglichen Sache zurücktreten.

Erfolgt kein Hinweis auf einen Rücktritt, erlischt das Recht nach Erhalt und vollständiger Zahlung durch den Lernenden. Das Recht des Rücktritts wegen Nichterfüllung der Vertragsverpflichtung bleibt unberührt.

Fernunterrichtsschutzgesetz versus Wettbewerb und Qualität

In der Literatur finden sich verschiedene Auslegungen zum Begriff Qualität, obgleich vielfach das gleiche gemeint wird. Stellvertretend sei die Definition von Ao. Universitätsprofessor Hermann Astleitner zitiert: "Qualität im Bildungskontext [...] meint in erster Linie [...] Beschaffenheit [...] eines Objektes. In zweiter Linie [...] die Güte [...]" (2004, S. 15). Aus anwenderbezogener Sicht ist qualitativ hochwertig zu betrachten, was die individuellen Bedürfnisse und Wünsche am besten befriedigt (vgl. Knispel, 2008, S. 18).

Unter dieser Messlatte hat auch das Fernunterrichtsschutzgesetz (FernUSG) dem Schutz des Verbrauchers zu genügen. Dadurch reglementiert es den Bildungsanbieter. Das führt zu einer rechtlich notwendigen Auseinandersetzung mit dem Gesetz, jedoch aber auch zu einer notwendigen wirtschaftlichen Betrachtung.

Selbstverständlich ist jedes Unternehmen bemüht, mit eigenen Ideen und Engagement seinen Platz auf dem Bildungsmarkt zu finden. Langjährig bestehende Unternehmen haben diesen oft bereits gefunden, sowohl im Bereich des stationären als auch des virtuellen Unterrichts.

Gemäß rechtsverbindlicher Grundlagen unterliegt jedes privatwirtschaftliche Bildungsunternehmen mit seinen Angeboten, die sich an den Verbraucher in Deutschland richten, dem Fernunterrichtsschutzgesetz (FernUSG). Das hat zur Konsequenz, dass geplanter Fernunterricht der Staatlichen Zentralstelle für Fernunterricht (ZFU) anzuzeigen ist. In Folge wird - wie bereits erwähnt - geprüft, inwiefern das Bildungsvorhaben registrierungs- oder zulassungspflichtig ist. Zulassungspflichtige Angebote durchlaufen ein kostenpflichtiges Genehmigungsverfahren, noch bevor zugesichert ist, ob ein geplantes Seminar den notwendigen Zuspruch erfährt und überhaupt stattfinden wird. Insofern wirkt das Gesetz zunächst als Barriere im Wettbewerb von weniger finanzkräftigen Bildungsunternehmen gegenüber bereits etablierten.

Faulstich und Zeuner gehen insofern davon aus, dass Neuentwicklungen erschwert werden, da eine notwendige Vorfinanzierung Fehlinvestitionen nicht ausschließt (vgl. Faulstich & Zeuner, 2008, S. 88).

Um dem deutschen Bildungsmarkt zu entsprechen und wirtschaftlich agieren zu können, ist es daher mitunter unerlässlich, als finanzschwächerer Bildungsanbieter auch neue Strategien zu entwickeln, um gesetzeskonform einer Zulassungspflicht zu entgehen und dennoch moderne Lernformen anzubieten, z. B. Fernunterricht mit überwiegendem Präsenzanteil oder vollständige Selbststudieneinheiten ohne individuelle Lernerfolgskontrollen. So kann die Beachtung der Rechtsgrundlagen, eine veränderte Umsetzung eigentlicher Unternehmensziele bedingen und zunächst zu einer Beschränkung des Angebots an modernen Lernformen für den einzelnen Anbieter führen.

Die Rechtsgrundlagen des Fernunterrichts implizit und das Fernunterrichtsschutzgesetz (FernUSG) explizit nehmen demnach einen wesentlichen Einfluss auf das Angebot moderner Lernformen.

Bildungsanbieter, die hohe Flexibilität in der Ausführung ihrer Lern- / Lehrmaterialien wünschen, empfinden die Vorlage der Materialien bei einem Zulassungsverfahren eventuell als konträr. Sind dem Bildungsanbieter zwar Weiterentwicklungen gestattet und empfohlen, doch verursachen grundlegende Überarbeitungen die Notwendigkeit ein kostenpflichtiges Zulassungsverfahren von wesentlichen Änderungen anzustrengen. Möglicherweise werden letztere jedoch durch einen eigenen Anspruch an Qualität hinsichtlich Fehlerlosigkeit, optimal didaktischer Aufbereitung und Aktualität bedingt.

Geht man davon aus, dass sich ein finanzschwächerer Bildungsanbieter lediglich ein erstes kostenpflichtiges Zulassungsverfahren leisten konnte, besteht die Gefahr einer stagnierenden Modifizierung und damit der Unterrichtung zum späteren Zeitpunkt mit Lernmaterialien minderer Qualität oder der Ausweich auf Standardwerke, obgleich diese ggf. nicht spezifisch ausgerichtet sind. Hier finden zwar bewährte Lernmaterialien Anwendung, doch die Erprobung neuer

Strategien als auch ggf. gleicher oder optimalerer Qualität neuer Lehrwerke wird gemindert.

Einige Bildungsanbieter lehnen unter den Gesichtspunkten möglicherweise das Zulassungsverfahren ab und bevorzugen Lernformen, die nicht dem Fernunterrichtsschutzgesetz (FernUSG) unterliegen.

Unabhängig von dieser Entscheidung verhilft das Fernunterrichtsschutzgesetz (FernUSG) - wie bereits erwähnt - zu einem ersten eigenen Qualitätsmaß zu finden. Aussagen zu einer gesetzeskonformen Vertragsgestaltung und wesentlichen Bestandteile des Informationsmaterials, die insgesamt dem Verbraucherschutz dienen, sind nur zwei Beispiele.

Es ist also nicht verwunderlich, dass Fogolin und Schmitz in ihrer Studie feststellen, dass seitens der Bildungsanbieter einer Zertifizierung nach dem Fernunterrichtsschutzgesetz (FernUSG) ein hoher Stellenwert zugesprochen und diese mehrheitlich als eine Qualitätsdokumentation angesehen wird (vgl. Fogolin & Schmitz, 2007, S. 5).

> Die Bildungsangebote moderner Lernformen müssen hinsichtlich betriebswirtschaftlicher Möglichkeiten, Unternehmensziele und eigener Qualitätsansprüche sorgfältig abgewogen werden. Das Fernunterrichtsschutzgesetz (FernUSG) ermöglicht, unabhängig von einer Zertifizierungsabsicht, zu einem ersten Qualitätsmaß zu finden.

Beispiel Szenario

Die Möglichkeiten zur Realisierung von Fernunterricht sind vielfältig. Nachfolgend soll eine Idee umrissen werden, wie sich ein durchdachtes Fernunterrichtskonzept mit wenigen Mitteln realisieren lässt.

Selbstverständlich sind auch an dieser Stelle alle Ausführungen zu den Fernunterrichtskonzept und gesetzlichen Regelungen relevant. Zwecks erfolgreicher Realisierung des Vorhabens ist es jedoch erforderlich, die Überlegungen sowohl hinsichtlich Lernenden als auch Lehrenden auszurichten. Aus diesem Grund sollen an dieser Stelle die unterschiedlichen Akteure und Ansprüche an einen technisch unterstützten Fernunterrichtskurs verkürzt aufgezeigt werden.

Akteure (Auszug)

Lerner	Lehrende	Background
Lerner	Dozent	Autor
...	Tutor	Programmierer
	Mentor	Mediengestalter
		Administrator
	Lernberater	Fachexperte
	Lerncoach	Entscheider
	...	Organisator
		...

Das Zusammenspiel der Akteure ist qualitätsentscheidend und kann sowohl qualitätsfördernd als auch qualitätshemmend wirken.

Ansprüche (Auszug)

Lerner	Lehrende	Background
leichter Zugang	Arbeitserleichterung	klares Konzept
schnelles Feedback	geringe Einarbeitungszeit	kompetente Ansprechpartner
gutes Lernergebnis	einfache Bedienbarkeit	...
...	hochwertige Lehrmaterialien	
	...	

Sofern die Wahl auf ein Online-Szenario fällt, gilt es die jeweiligen Ansprüche bei der Umsetzung im Blick zu haben. Eine wichtige Entscheidung ist, ob ein asynchroner (z. B. Forum, Weblog / Blog als Tagebuch, Wiki als Lernhilfe) oder synchroner Austausch (z. B. Chat, Video-, Telefonkonferenz) stattfinden soll. Der synchrone Verlauf bedingt, dass ein Seminar zu festen Zeitpunkten stattfinden muss. Teilnehmer, die diese Gelegenheit nicht immer wahrnehmen können, befinden sich im Lernnachteil. Es empfiehlt sich also, asynchrone und synchrone Elemente miteinander zu verknüpfen, z. B. Lernforen mit einem asynchronen Austausch und zusätzlich synchrone Konsultationen per Chat.

Technische Voraussetzungen

Da der Markt so vielfältig wie die Vorlieben in Handhabung und Design ist, soll an dieser Stelle darauf verzichtet werden, einzelne Software zu empfehlen. Im Internet finden sich sowohl kostenfreie wie kostenpflichtige Produktpräsentationen und können gemäß den Bedürfnissen ausgewählt werden.

Überlegungen hinsichtlich Software sollten umschließen:
- Lernplattform
- Content-Management-System
- Mediendidaktisch aufbereitete Inhalte (Content)
- Intranet - / Internetauftritt
- Kommunikationstools
- Autorentools
- Verwaltungssoftware

Die Aufstellung enthält eine Auswahl an technischen Details, mit denen die Durchführung von Online-Fernunterricht bereits ermöglicht werden könnte. Dieses Szenario ermöglicht für den Mediengestalter die Aufnahme von Audio- und Video-Lernsequenzen sowie die Fertigstellung von PDF-Lernskripten, die vom Lehrenden und Lernenden genutzt werden können. Darüber hinaus haben Lehrende und Lernende die Möglichkeit, selbst PDF-Dateien zu erstellen und auszutauschen. Welche Voraussetzungen tatsächlich gegeben sein sollten, sind u. a. abhängig von dem Ziel und dem Inhalt des geplanten Fernunterrichtskurses.

Im Folgenden soll als Beispiel ein Szenario des fiktiven Bildungsanbieters "*Clever for ever*" für einen geplanten Fernunterrichtskurs im Bereich Fremdsprachen dienen.

Der Bildungsanbieter verfügt über die folgende technischen Voraussetzungen:

	LN	LH	MG
Computer	x	x	x
Lautsprecher	x	x	x
Internetzugang	x	x	x
Browser	x	x	x
Mikrofon			x
PDF-Reader	x	x	x
PDF-Writer	x	x	x
Player zum Abspielen von Audio- und Videosequenzen	x	x	x
Recorder zum Erstellen von Audio- und Videosequenzen			x

LN = Lernender, LH = Lehrender, MG = Mediengestalter

Technische Bereitstellung

Die technischen Voraussetzungen bedingen jedoch auch eine technische Bereitstellung, d. h. der Bildungsanbieter muss den Lernenden in die Lage versetzen, an dem Onlinekurs teilnehmen zu können.

Der fiktive Bildungsanbieter "*Clever for ever*" hat sich dazu auf folgende technische Bereitstellung geeinigt:

- Auf der Unternehmensseite des Bildungsanbieters wird ein Login-Bereich implementiert.
- Der Login-Bereich enthält eine Unterseite mit Kursnummern. Der Lernende erhält die Gelegenheit, über das Login auf seinen Kurs zuzugreifen. Mittels eines Berechtigungskonzepts und dessen Umsetzung ist sichergestellt, dass nur die Lernenden und Lehrenden den Zugriff haben.
- Auf der Kursseite werden Arbeitsmaterialien zum Download abgelegt.
- Es wird ein Weblog eingerichtet. Der Lernende erhält damit die Möglichkeit, Fragen in einem Forum zu platzieren. Andere Teilnehmer erhalten die Möglichkeit für Kommentare.
- Für den diskreten Fragenaustausch wird dem Lehrenden eine eMail-Adresse zur Verfügung gestellt.
- Es wird ein Chat eingerichtet. In Abständen kann darüber ein synchroner Austausch mit dem Lehrenden erfolgen.

- Sowohl für den Lernenden als auch Lehrenden stehen Hilfsmittel (z. B. Begleitheft, FAQs, Support) zur Verfügung.

Fachliche Bereitstellung

Die fachliche Bereitstellung orientiert sich u. a. sowohl an den technischen Gegebenheiten als auch an dem didaktisch-methodischen Konzept.

Für den Bildungsanbieter "*Clever for ever*" steht dabei im Vordergrund:

- Es werden Themen- bzw. Kapitel-Lehrmaterialien erstellt. Sie werden im PDF-Format abgelegt. Eine Ausnahme bilden Audio- und Videosequenzen.
- Es werden Audio- und Videosequenzen erstellt (z. B. Vorstellung, Situationsbeschreibung).

Fachliche Betreuung

Nicht nur die technische, auch die fachliche Betreuung muss konzipiert werden. Anhaltspunkte bieten die bisherigen Ausführungen zur Fernunterrichtskursplanung.

Der fiktive Bildungsanbieter "*Clever for ever*" plant die fachliche Betreuung auf folgendem Weg zu realisieren:
- Es wurden auf einer Lernplattform Foren eingerichtet. Der Lehrende betreut diese Foren und leitet falsche Diskussionen in die richtige Richtung. Darüber hinaus werden Kommentare, die gegen die Netiquette verstoßen

entfernt, ggf. wird der Lernende vom weiteren Diskussionsverlauf ausgeschlossen.
- In einem Weblog erfolgt seitens des Lehrenden das Einstellen von allgemeingültigen Informationen.
- Darüber hinaus beinhaltet der Fernunterrichtskurs Formen des Blended-Learnings, d. h. es sind Präsenzseminare geplant, in denen Konversationsübungen stattfinden.

Organisatorischer Ablauf
Der Ablauf ergibt sich aus der Fernunterrichtsplanung, den technischen Gegebenheiten und den dahinter liegenden didaktischen und methodischen Ansätzen.

Der fiktive Bildungsanbieter "Clever for ever" hat sich zur Umsetzung folgenden organisatorischen Ablauf überlegt:
- Der Lehrende korrigiert Einsendeaufgaben und schickt diese im PDF-Format wieder zurück.
- Aus Vorsichtsmaßnahmen (wegen Viren und sonstigen Schadcode) werden keine offenen Dokumente (z. B. *.doc) ausgetauscht und der Versand einer PDF-Datei vorgesehen.
- Eine Lektion bildet einen Lernvorrat für einen Monat.
- Der Inhalt schafft die Voraussetzungen, eine externe Sprachprüfung abzulegen.
- Zum Abschluss des Fernunterrichtskurses wird ein Teilnehmerzertifikat ausgegeben.
- Pro Monat wird eine Vor-Ort-Veranstaltung angeboten. Die Teilnahme ist freiwillig. Schwerpunkt ist das Konversationstraining.

- Aller 14 Tagen findet ein Konsultationschat von 1 ½ Stunden statt. Die Teilnahme ist fakultativ.
- Zusätzlich gibt es eine wöchentliche Sprechzeit, in der Fragen am Telefon beantwortet werden.
- Auf der Lernplattform wird der Lehrende mit Bild und kurzer Vita vorgestellt, um einen persönlicheren Kontakt herzustellen.
- Die Lernplattform ist in einzelne Foren unterteilt, in denen ebenfalls offene Fragen gestellt und beantwortet werden können.
- Für eine Anmeldung sind seitens des Lernenden Angaben wie Name, Vorname, Anschrift und Geburtsdatum notwendig. Aus dem Geburtsdatum ergibt sich die Geschäftsfähigkeit.
- Pro Lernenden werden ein Benutzernamen und ein Passwort für das Login angelegt.
- Bei Vergessen des Passwortes wird grundsätzlich ein neues vergeben.

Aufbau und Struktur

Unabhängig davon, mit welchen technischen Mitteln eine Lernplattform aufgebaut wird, ist es notwendig, den Seitenaufbau zu konzipieren. Zwar stellt die Fernunterrichtskursplanung auch in diesem Fall die Basis, es ist jedoch auch empfehlenswert, sich intensiv mit den lerndidaktischen, psychologischen und technischen Anforderungen auseinanderzusetzen. Hierzu gibt es spezifische Ratgeber und auch Studien, die den Zusammenhang von der Aufbereitung einer Lernplattform und dem Lerneffekt untersuchen.

Zwar nimmt sich der fiktive Bildungsanbieter "*Clever for ever*" nicht die Zeit, sich näher mit den effektvollsten Gestaltungsmitteln zu beschäftigen, wohl aber hat er seinen fachlichen Aufbau durchdacht. Anhand der Planung ergibt sich folgende Seitenstruktur auf der Lernplattform:

[Aufbau]

Lektion 1:	Inhalt:	Kontakt:

[Struktur]

- Lektion 1
  - Thema 1
    - Arbeitsmaterial: Texte, Audio- und Videosequenzen
    - Übungsaufgaben / Kontrollaufgaben (Multiple Choice)
    - Kommentare
    - Fragen / Antworten des Lehrenden
  - Thema 2
    - Arbeitsmaterial: Texte, Audio- und Videosequenzen
    - Übungsaufgaben / Kontrollaufgaben (Multiple Choice)
    - Kommentare
    - Fragen / Antworten des Lehrenden

- Lektion 2
    - Thema 1
        - Arbeitsmaterial: Texte, Audio- und Videosequenzen
        - Übungsaufgaben / Kontrollaufgaben (Multiple Choice)
        - Kommentare
        - Fragen / Antworten des Lehrenden
    - Thema 2
        - …

FernUSG - Fernunterrichtsschutzgesetz

Gesetz zum Schutz der Teilnehmer am Fernunterricht
Ausfertigungsdatum: 24. August 1976
Geltung ab: 1. Juli 1977
in der Fassung der Bekanntmachung vom 4. Dezember 2000
(BGBl. I S. 1670), zuletzt geändert durch Artikel 3
des Gesetzes vom 20. September 2013 (BGBl. I S. 3642)

§ 1
Anwendungsbereich

(1) Fernunterricht im Sinne dieses Gesetzes ist die auf vertraglicher Grundlage erfolgende, entgeltliche Vermittlung von Kenntnissen und Fähigkeiten, bei der

1. der Lehrende und der Lernende ausschließlich oder überwiegend räumlich getrennt sind und

2. der Lehrende oder sein Beauftragter den Lernerfolg überwachen.

(2) Dieses Gesetz findet auch auf unentgeltlichen Fernunterricht Anwendung, soweit dies ausdrücklich vorgesehen ist.

Bildungsangebote sind anzeigepflichtig, wenn
- eine privatrechtlichen Vertragsgrundlage besteht
  und
- eine entgeltliche Vermittlung von Kenntnissen durchgeführt wird
  und
- über 50% der Wissensvermittlung in einer räumlichen Distanz stattfindet
  und
- eine individuelle Lernerfolgskontrolle durch den Bildungsanbieter erfolgt.

Die Anzeigepflicht entfällt, sobald mindestens ein Merkmal wegfällt.

1. Abschnitt: Fernunterrichtsvertrag

§ 2
Rechte und Pflichten der Vertragschließenden

(1) Durch den Fernunterrichtsvertrag verpflichtet sich der Veranstalter von Fernunterricht (Veranstalter), das Fernlehrmaterial einschließlich der vorgesehenen Arbeitsmittel in den vereinbarten Zeitabständen zu liefern, den Lernerfolg zu überwachen, insbesondere die eingesandten Arbeiten innerhalb angemessener Zeit sorgfältig zu korrigieren, und dem Teilnehmer am Fernunterricht (Teilnehmer) diejenigen Anleitungen zu geben, die er erkennbar benötigt.

Der Anbieter ist verpflichtet,

- das Lernmaterial in den vereinbarten Zeitabständen zu liefern,

- in angemessener Zeit eine Lernerfolgskontrolle durchzuführen,

- eine notwendige Lernunterstützung zu gewähren.

(2) *Der Teilnehmer ist verpflichtet, die vereinbarte Vergütung zu leisten. Die Vergütung ist in Teilleistungen jeweils für einen Zeitabschnitt von höchstens drei Monaten zu entrichten. Die einzelnen Teilleistungen dürfen den Teil der Vergütung nicht übersteigen, der im Verhältnis zur voraussichtlichen Dauer des Fernlehrganges auf den Zeitabschnitt entfällt, für den die Teilleistung zu entrichten ist. Höhere Teilleistungen sowie Vorauszahlungen dürfen weder vereinbart noch gefordert werden.*

(3) *Von den Vorschriften des Absatzes 2 Satz 2 bis 4 kann abgewichen werden, soweit die Vergütung auf die Lieferung einer beweglichen Sache entfällt, die nicht Teil des schriftlichen oder audiovisuellen Fernlehrmaterials ist. Von den Vorschriften des Absatzes 2 Satz 3 kann abgewichen werden, soweit die Vertragsparteien vereinbart haben, dass auf Verlangen des Teilnehmers das Fernlehrmaterial in kürzeren oder längeren als den vereinbarten Zeitabständen zu liefern ist, der Teilnehmer die Lieferung in anderen*

als den vereinbarten Zeitabständen verlangt und die Änderung der Teilleistungen wegen der Änderung der Zeitabstände angemessen ist.

Die Gesamtkursgebühr ist in Teilzahlungen aufzuteilen,
- maximal vierteljährliche Raten,
- die Schlussrate darf die Gesamtkursgebühr nicht übersteigen.

Ausnahmen gelten (im angemessenen Rahmen)
- für bewegliche Sachen, die nicht Bestandteil des Lernmaterials sind, z. B. CD-Rekorder, Sammelordner,
- sofern der Lernende einen anderen Zeitabstand der Lieferung wünscht.

Der Lernende ist verpflichtet,
- der ordnungsgemäßen Zahlungsaufforderung nachzukommen.

---

(4) Außer der vereinbarten Vergütung darf für Tätigkeiten, die mit dem Abschluss des Fernunterrichtsvertrags zusammenhängen sowie für etwaige Nebenleistungen eine Vergütung irgendwelcher Art weder vereinbart noch gefordert oder angenommen werden. Dies gilt auch für Einschreibegebühren, Provisionen und Auslagenerstattungen.

Zusätzliche Gebühren dürfen nicht erhoben werden.

(5) Unwirksam sind Vereinbarungen zu Lasten des Teilnehmers über

1. *Vertragsstrafen,*

2. *die Festsetzung der Höhe eines Schadensersatzes in Pauschbeträgen,*

3. *den Ausschluss oder die Beschränkung von Schadensersatzansprüchen,*

4. *den Verzicht des Teilnehmers auf das Recht, im Falle der Abtretung der Ansprüche des Veranstalters an einen Dritten Einwendungen, die zur Zeit der Abtretung der Forderung gegen den Veranstalter begründet waren, dem neuen Gläubiger entgegenzusetzen.*

Ebenfalls unwirksam ist eine Vereinbarung, durch die sich der Teilnehmer im Zusammenhang mit dem Abschluss des Fernunterrichtsvertrags verpflichtet, Waren zu erwerben oder den Gebrauch von Sachen oder Dienst- oder Werkleistungen in Anspruch zu nehmen, deren Erwerb oder deren Inanspruchnahme nicht den Zielen des Fernunterrichtsvertrags dient.

Unwirksam sind

– Vereinbarungen zu Lasten des Lernenden über Vertragsstrafen,

– pauschale Schadenersatzbeträge,

– Ausschluss oder Beschränkung von Schadenersatzansprüchen,

– Forderung des Verzichts des Lernenden auf bestehende Rechte,

> – nicht mit den Zielen des Fernunterrichtskurses in Verbindung stehende Kauf- oder Gebrauchsverpflichtungen.

§ 3
Form und Inhalt des Fernunterrichtsvertrags

(1) Die auf den Vertragsschluss gerichtete Willenserklärung des Teilnehmers bedarf der schriftlichen Form.

(2) Bei einem Fernunterrichtsvertrag, der weder ein außerhalb von Geschäftsräumen geschlossener Vertrag nach § 312b des Bürgerlichen Gesetzbuchs noch ein Fernabsatzvertrag nach § 312c des Bürgerlichen Gesetzbuchs ist, gelten die Informationspflichten des § 312d Absatz 1 des Bürgerlichen Gesetzbuchs in Verbindung mit Artikel 246a des Einführungsgesetzes zum Bürgerlichen Gesetzbuche entsprechend.

(3) Bei einem Fernunterrichtsvertrag gehören zu den wesentlichen Eigenschaften, über die der Unternehmer den Verbraucher nach Artikel 246a § 1 Absatz 1 Satz 1 Nummer 1 des Einführungsgesetzes zum Bürgerlichen Gesetzbuche zu informieren hat, in der Regel insbesondere

1. die Art und Geltung des Lehrgangsabschlusses,

2. Ort, Dauer und Häufigkeit des begleitenden Unterrichts,

3. Angaben über die vereinbarten Zeitabstände für die Lieferung des Fernlehrmaterials,

4. wenn der Fernunterrichtsvertrag die Vorbereitung auf eine öffentlich-rechtliche oder sonstige externe Prüfung umfasst, auch die Angaben zu Zulassungsvoraussetzungen.

Der Fernunterrichtsvertrag beinhaltet in Schriftform u. a.
– Art und Geltung des Lehrgangsabschlusses,
– Ort, Dauer, Häufigkeit des begleitenden Unterrichts,
– Zeitabstände der Lernmateriallieferungen,
– sofern vorgesehen: Zulassungsvoraussetzungen für die Teilnahme an Prüfungen.

§ 4
Widerrufsrecht des Teilnehmers

Bei einem Fernunterrichtsvertrag nach § 3 Absatz 2 steht dem Teilnehmer sein Widerrufsrecht nach § 355 des Bürgerlichen Gesetzbuchs zu. Die §§ 356 und 357 des Bürgerlichen Gesetzbuchs sind entsprechend anzuwenden. Für finanzierte Fernunterrichtsverträge ist § 358 des Bürgerlichen Gesetzbuchs entsprechend anzuwenden.

Der Teilnehmer hat ein Widerrufsrecht.

§ 5
Kündigung

(1) Der Teilnehmer kann den Fernunterrichtsvertrag ohne Angabe von Gründen erstmals zum Ablauf des ersten Halbjahres nach Vertragsschluss mit einer Frist von sechs Wochen, nach Ablauf des ersten Halbjahres jederzeit mit einer Frist von drei Monaten kündigen. Das Recht des Veranstalters und des Teilnehmers, den Vertrag aus wichtigem Grund zu kündigen, bleibt unberührt.

(2) Die Kündigung bedarf der schriftlichen Form.

(3) Im Falle der Kündigung hat der Teilnehmer nur den Anteil der Vergütung zu entrichten, der dem Wert der Leistungen des Veranstalters während der Laufzeit des Vertrags entspricht.

Der Teilnehmer kann schriftlich kündigen
- erstmals nach 6 Monaten,
- danach vierteljährlich.

Die Kündigung muss
- 6 Wochen zuvor eingegangen sein.

Ein Sonderkündigungsrecht bleibt unberührt. Es ergibt sich eine Vergütungspflicht für die erbrachten Leistungen während der Vertragslaufzeit.

§ 6
Rechtsfolgen der Kündigung bei
gemischten Verträgen

(1) Hat der Fernunterrichtsvertrag die Lieferung einer beweglichen Sache zum Gegenstand, die nicht Teil des schriftlichen oder audiovisuellen Fernlehrmaterials ist, so wird dieser Teil des Vertrags durch die Kündigung des Fernunterrichtsvertrags nicht berührt. Hat der Teilnehmer die Kündigung des Vertrags erklärt, so kann er jedoch innerhalb von zwei Wochen, nachdem die Kündigung wirksam geworden ist, durch schriftliche Erklärung gegenüber dem Veranstalter von diesem Teil des Vertrags zurücktreten, sofern die Lieferung der Sache infolge der Kündigung des Fernunterrichtsvertrags für ihn kein Interesse mehr hat. Zur Wahrung der Frist genügt die rechtzeitige Absendung der Rücktrittserklärung.

(2) Der Lauf der Frist beginnt erst, wenn der Veranstalter nach Zugang der Kündigungserklärung den Teilnehmer schriftlich auf das Rücktrittsrecht nach Absatz 1 hingewiesen hat. Ist streitig, ob oder zu welchem Zeitpunkt der Teilnehmer auf das Rücktrittsrecht hingewiesen worden ist, so trifft die Beweislast den Veranstalter. Unterbleibt der Hinweis, so erlischt das Rücktrittsrecht zu dem Zeitpunkt, zu dem der Veranstalter die Sache geliefert und der Teilnehmer

den auf die Lieferung der Sache entfallenden Teil der Vergütung vollständig entrichtet hat.

(3) Auf das Rücktrittsrecht finden die §§ 346 bis 348, und 351 des Bürgerlichen Gesetzbuchs entsprechende Anwendung.

(4) Das Recht einer Vertragspartei, von dem Teil des Vertrags, der die Lieferung der Sache zum Gegenstand hat, wegen Nichterfüllung der der anderen Vertragspartei obliegenden Verpflichtungen zurückzutreten oder die Rückgängigmachung des Vertrags zu verlangen, bleibt unberührt. Für den Rücktritt des Veranstalters gelten die §§ 498 und 508 des Bürgerlichen Gesetzbuchs entsprechend.

Gemischte Verträge beinhalten
- Fernunterricht inklusive Lernmaterialien
  und
- eine bewegliche Sache, die nicht zu den Lernmaterialien gehört, z. B. CD-Rekorder.

Bei einer Kündigung durch den Teilnehmer
- wird zunächst nur der Bestandteil Fernunterricht inklusive Lernmaterialien gekündigt,
- hat der Veranstalter auf das Rücktrittsrecht für die bewegliche Sache, die nicht zu den Lernmaterialien gehört, hinzuweisen.

Nach Wirksamwerden der Kündigung
– kann der Teilnehmer innerhalb von zwei Wochen vom Teil der beweglichen Sache zurücktreten.

Erfolgt kein Hinweis auf einen Rücktritt, erlischt das Recht nach Erhalt und vollständiger Zahlung durch den Teilnehmer. Das Recht des Rücktritts wegen Nichterfüllung der Vertragsverpflichtung bleibt unberührt.

§ 7
Nichtigkeit; Recht zur fristlosen Kündigung

(1) *Ein Fernunterrichtsvertrag, der von einem Veranstalter ohne die nach § 12 Abs. 1 erforderliche Zulassung des Fernlehrgangs geschlossen wird, ist nichtig.*

(2) *Ist nach Vertragsschluss die Zulassung erloschen, widerrufen oder zurückgenommen worden, so kann der Teilnehmer den Fernunterrichtsvertrag ohne Einhaltung einer Kündigungsfrist kündigen. Die Kündigung muss innerhalb von zwei Wochen erfolgen. Der Lauf der Frist beginnt erst, wenn der Veranstalter dem Teilnehmer eine schriftliche Belehrung über das Recht des Teilnehmers zur fristlosen Kündigung des Vertrags und über das Erlöschen, den Widerruf oder die Rücknahme der Zulassung ausgehändigt hat. Zur Wahrung der Frist genügt die rechtzeitige Absendung der Kündigungserklärung. Ist streitig, ob oder zu welchem Zeitpunkt die Belehrung dem Teilneh-*

mer ausgehändigt worden ist, so trifft die Beweislast den Veranstalter. Der Veranstalter hat die Belehrung nach dem Erlöschen, dem Widerruf oder der Rücknahme der Zulassung unverzüglich dem Teilnehmer auszuhändigen.

(3) Im Falle der Kündigung nach Absatz 2 finden § 5 Abs. 2 und 3 und § 6 entsprechende Anwendung.

Fehlt die Zulassung zum Zeitpunkt des Abschlusses
– ist der Vertrag ungültig.
Erlischt die Zulassung nach Vertragsschluss
– ist der Umstand dem Teilnehmer umgehend mitzuteilen,
– kann der Teilnehmer innerhalb von zwei Wochen nach schriftlicher Bekanntgabe durch den Veranstalter kündigen.

---

§ 8
Umgehungsverbot

Die §§ 2 bis 7 finden auf Verträge, die darauf abzielen, die Zwecke eines Fernunterrichtsvertrags (§ 2) in einer anderen Rechtsform zu erreichen, entsprechende Anwendung.

Die §§ 2 bis 7 sind auch anzuwenden,
– wenn seine Vorschriften durch anderweitige Gestaltungen umgangen werden.

---

§ 9
Widerrufsfrist bei Fernunterricht
gegen Teilzahlungen

Wird der Fernunterricht gegen Teilzahlungen erbracht, bestimmt sich die Widerrufsfrist nach § 356b des Bürgerlichen Gesetzbuchs.

Für die Widerrufsfrist bei Verträgen mit Teilzahlungen gilt § 356b BGB

---

§ 10
Ausschluss abweichender Vereinbarungen

Von den §§ 2 bis 9 kann nicht zum Nachteil des Teilnehmers abgewichen werden.

Unzulässig sind

– Abweichungen von §§ 2 bis 9 zum Nachteil des Teilnehmers.

---

§ 11
(weggefallen)

2. Abschnitt: Veranstaltung von Fernunterricht

§ 12
Zulassung von Fernlehrgängen

(1) Fernlehrgänge bedürfen der Zulassung. Das Gleiche gilt für wesentliche Änderungen zugelassener Fernlehrgänge. Keiner Zulassung bedürfen Fernlehrgänge, die nach Inhalt und Ziel ausschließlich der Freizeitgestaltung oder der Unterhaltung dienen. Der Vertrieb von Fernlehrgängen nach Satz 3 ist der zuständigen Behörde anzuzeigen.

Bildungsangebote nach dem FernUSG mit
– einer privatrechtlichen Vertragsgrundlage
und
– eine entgeltliche Vermittlung von Kenntnissen
und
– einer Wissensvermittlung, die überwiegend in einer räumlichen Distanz stattfindet
und
– einer individuelle Lernerfolgskontrolle

werden unterschieden in:

zulassungspflichtig (Lehrgangscharakter)	registrierungspflichtig (Freizeitcharakter)

(2) Die Zulassung eines Fernlehrgangs ist außer in den in § 13 Abs. 1 genannten Fällen insbesondere zu versagen, wenn

1. *der Fernlehrgang nicht zur Erreichung des vom Veranstalter angegebenen Lehrgangsziels geeignet ist oder*

2. *Inhalt oder Zielsetzung des Fernlehrgangs gegen die öffentliche Sicherheit oder Ordnung verstoßen oder*

3. *der Veranstalter nicht den Nachweis erbringt, dass eine vollständige, zutreffende und den gesetzlichen Bestimmungen entsprechende Unterrichtung des Teilnehmers (§ 16) rechtzeitig vor Abgabe des Vertragsangebots vorgesehen ist, oder*

4. *die Ausgestaltung der vom Veranstalter vorgesehenen Vertragsbedingungen den gesetzlichen Anforderungen nicht entspricht.*

Das Landesrecht kann weitere Versagungsgründe vorsehen und die näheren Einzelheiten über Inhalt und Umfang der Versagungsgründe nach Satz 1 bestimmen.

Keine Zulassung erfolgt, wenn

– der Fernunterrichtskurs zur Zielerreichung nicht geeignet ist oder

– der Inhalt und die Zielsetzung gegen öffentliche Sicherheit oder Ordnung verstoßen oder

– der fehlende Nachweis über die vollständige, zutreffende

> und den gesetzlichen Bestimmungen entsprechende Unterrichtung der Teilnehmer vor Vertragsangebot oder die Vertragsgestaltung den gesetzlichen Anforderungen nicht entspricht.

(3) Ein Fernlehrgang, dessen Lehrmaterial noch nicht vollständig vorliegt, soll vorläufig zugelassen werden, wenn

1. eine auf das Lehrgangsziel hinführende Lehrgangsplanung abgeschlossen ist,
2. die fertiggestellten Teile des Fernlehrgangs die Annahme rechtfertigen, dass nach Fertigstellung des Fernlehrgangs keine Versagungsgründe nach Absatz 2 Satz 1 Nr. 1 und 2, nach Landesrecht (Absatz 2 Satz 2) und nach § 13 Abs. 1 vorliegen werden,
3. der Veranstalter auf Grund seiner bisherigen Tätigkeit als Veranstalter oder auf Grund einer anderen Tätigkeit Gewähr dafür bietet, dass das Fernlehrmaterial den gesetzlichen Anforderungen entsprechend innerhalb angemessener Zeit fertiggestellt sein wird, und
4. keine Versagungsgründe nach Absatz 2 Satz 1 Nr. 3 und 4 vorliegen.

Die vorläufige Zulassung wird unter der Bedingung erteilt, dass das restliche Fernlehrmaterial innerhalb zu bestimmender Fristen vorgelegt wird; die Fristen sind so zu bestimmen, dass eine ordnungsgemäße Durchführung des Fernlehrgangs gewährleistet ist.

(4) Die Zulassung kann befristet, unter Bedingungen erteilt und mit Auflagen verbunden werden, die dem Schutz des Teilnehmers und der ordnungsgemäßen Durchführung dieses Gesetzes durch die zuständige Behörde dienen. Nachträgliche Auflagen sind zulässig. Änderungen der tatsächlichen Umstände, die für die Zulassung maßgebend sind, hat der Veranstalter unverzüglich mitzuteilen.

§ 12a
Einheitliche Stelle, Genehmigungsfiktion

(1) Die Verfahren nach § 12 Absatz 1 können über eine einheitliche Stelle abgewickelt werden.

(2) Hat die zuständige Behörde nicht innerhalb einer Frist von drei Monaten entschieden, gilt die Zulassung als erteilt.

Eine vorläufige Zulassung erfolgt
- bei unvollständigen Unterlagen,
- wenn die Lehrgangsplanung abgeschlossen ist
  und
- die bereits fertiggestellten Teile die Annahme rechtfertigen, dass nach Fertigstellung keine Versagungsgründe bestehen
  und
- der Veranstalter die Gewähr bietet, dass das Fernunter-

richtskursmaterial den gesetzlichen Anforderungen genügt und innerhalb einer angemessenen Zeit fertiggestellt
wird.

Die vorläufige Zulassung wird unter der Bedingung erteilt,
dass innerhalb einer angemessenen Frist die fehlenden Unterlagen eingereicht werden.

§ 13
Zulassung berufsbildender Fernlehrgänge

(1) Bei berufsbildenden Fernlehrgängen ist außer in den
in § 12 Abs. 2 Satz 1 genannten Fällen die Zulassung
nur zu versagen, wenn der Fernlehrgang nach Inhalt,
Dauer oder Ziel und nach der Art seiner Durchführung mit den Zielen der beruflichen Bildung nach
dem Berufsbildungsgesetz in der jeweils geltenden
Fassung oder nach anderen Rechtsvorschriften der
beruflichen Bildung nicht übereinstimmt oder diesen
Vorschriften nicht entspricht, soweit sie eine entsprechende Anwendung auf den Fernunterricht zulassen.

(2) Das Bundesministerium für Bildung und Forschung
kann durch Rechtsverordnung, die der Zustimmung
des Bundesrates bedarf, den näheren Inhalt und Umfang der Versagungsgründe nach Absatz 1 bestimmen, soweit die Fernlehrgänge berufliche Bildung
vermitteln, die Gegenstand bundesrechtlicher Regelungen, insbesondere des Berufsbildungsgesetzes, ist.

Im Übrigen bestimmt das Landesrecht Inhalt und Umfang der Versagungsgründe nach Absatz 1.

Keine Zulassung berufsbildender Fernunterrichtskurse
– wenn sie in Inhalt, Dauer oder Ziel und in der Durchführungsart den Zielen der beruflichen Bildung nach dem aktuellen Berufsbildungsgesetz und anderen Rechtsvorschriften der beruflichen Bildung nicht entsprechen.

§ 14
Rücknahme und Widerruf

(1) Die Zulassung eines Fernlehrgangs ist zurückzunehmen, wenn bei der Erteilung einer der in § 12 Abs. 2 und § 13 Abs. 1 genannten Versagungsgründe vorgelegen hat oder die Voraussetzungen des § 12 Abs. 3 Satz 1 nicht gegeben waren.

(2) Die Zulassung ist zu widerrufen, wenn einer der in § 12 Abs. 2 und § 13 Abs. 1 genannten Versagungsgründe nachträglich eingetreten ist oder die Voraussetzungen des § 12 Abs. 3 Satz 1 nachträglich weggefallen sind. Sie kann widerrufen werden, wenn der Veranstalter einer ihm auferlegten Pflicht nicht nachkommt. Vor dem Widerruf ist dem Veranstalter Gelegenheit zu geben, Abhilfe zu schaffen.

(3) Ist nach Abschluss des Fernunterrichtsvertrags die Zulassung erloschen, widerrufen oder zurückge-

nommen worden und hat der Teilnehmer den Fernunterrichtsvertrag nicht gekündigt (§ 7 Abs. 2), so
bedarf der Veranstalter für die Erfüllung des Vertrags
keiner Zulassung.

Die Zulassung wird ungültig,
- sofern bei Zulassung ein Versagungsgrund vorgelegen hat
  und Voraussetzungen nicht erfüllt wurden.

Die Zulassung kann widerrufen werden,
- sofern ein Versagungsgrund nachträglich eintritt bzw.
  Voraussetzungen nachträglich wegfallen und
- der Veranstalter keine Abhilfe schafft.

Erlischt die Zulassung erst nach Vertragsabschluss und erfolgte keine Kündigung durch den Teilnehmer, so kann der
Fernunterrichtskurs ohne Zulassung stattfinden.

§ 15
Unentgeltliche berufsbildende Fernlehrgänge

(1) Fernlehrgänge, die auf vertraglicher Grundlage unentgeltlich durchgeführt werden und berufliche Bildung vermitteln, die Gegenstand bundesrechtlicher
Regelungen, insbesondere des Berufsbildungsgesetzes, ist, können vom Bundesinstitut für Berufsbildung auf Antrag als geeignet anerkannt werden.

(2) Ein Fernlehrgang nach Absatz 1 ist anzuerkennen, wenn die in § 12 Abs. 2 Satz 1 Nr. 1 und 2 und § 13 Abs. 1 genannten Versagungsgründe nicht vorliegen. Ein Fernlehrgang nach Absatz 1 gilt als anerkannt, wenn er nach § 12 Abs. 1 zugelassen worden ist.

(3) § 12 Abs. 1 Satz 2 und Abs. 4 und § 14 Abs. 1 und 2 gelten entsprechend. Das Erlöschen, die Rücknahme und der Widerruf einer Anerkennung sind bekanntzumachen.

(4) Ist ein Fernlehrgang nach Absatz 1 als geeignet anerkannt worden, so ist die Zulassung dieses Fernlehrgangs nach § 12 Abs. 1 nur zu versagen, wenn einer der in § 12 Abs. 2 Satz 1 Nr. 3 und 4 genannten Versagungsgründe vorliegt.

Unentgeltliche berufsbildende Fernunterrichtskurse
– können vom Bundesinstitut für Berufsbildung auf Antrag als geeignet anerkannt werden,
– sofern keine Versagungsgründe vorliegen.

§ 16
Werbung mit Informationsmaterial

(1) Der Veranstalter hat bei geschäftlicher Werbung für Fernlehrgänge durch Übermittlung von Informationsmaterial einen vollständigen Überblick über die Vertragsbedingungen und die Anforderungen an den

Teilnehmer zu geben. Das Informationsmaterial muss insbesondere einen vollständigen Überblick über die in Artikel 246a §1 Absatz 1 Satz 1 Nummer 1, 4 bis 7 und 11 des Einführungsgesetzes zum Bürgerlichen Gesetzbuche genannten Angaben, über die Gültigkeitsdauer des Angebots und über das Widerrufsrecht des Teilnehmers enthalten.

(2) Ist ein Fernlehrgang nur vorläufig zugelassen, so muss dies in dem Informationsmaterial deutlich gekennzeichnet sein.

(3) Die Anerkennung eines unentgeltlichen berufsbildenden Fernlehrgangs nach § 15 Abs. 1 darf nicht zur geschäftlichen Werbung für Fernlehrgänge verwendet werden.

Informationsmaterial hat zu beinhalten:
– den vollständigen Überblick über die Vertragsbedingungen,
– die Anforderungen an den Teilnehmer,
– die Gültigkeitsdauer des Angebots,
– das Widerrufsrecht des Teilnehmers,
– den Hinweis auf eventuell vorläufige Zulassung.

Die Anerkennung eines unentgeltlichen berufsbildenden Fernlehrgangs durch das Bundesinstitut für Berufsbildung darf nicht zur geschäftlichen Werbung für Fernunterrichtskurse verwendet werden.

§ 17
Vertreter, Berater

Der Veranstalter oder seine Beauftragten dürfen zum Zweck der Werbung oder der Beratung über Fernlehrgänge des Veranstalters oder des Vertragsabschlusses Personen nur dann aufsuchen, wenn diese

1. vorher Informationsmaterial, das den Anforderungen des § 16 entspricht, erhalten und
2. nach Erhalt des Informationsmaterials schriftlich darum gebeten haben.

Für eine Beratung nach Satz 1 sollen der Veranstalter oder seine Beauftragten die erforderliche Eignung besitzen.

Das Aufsuchen von Personen zum Zweck der Beratung oder Werbung ist nur gestattet, sofern sie nach Erhalt des Informationsmaterials schriftlich darum gebeten haben.

§ 18
Ergänzende Fernlehrgänge

Auf Fernlehrgänge, deren Lehrgangsziel ausschließlich in der unselbständigen Ergänzung anderer, in sich abgeschlossener selbständiger Bildungsangebote besteht und die sich nur zu einer Nutzung in Verbindung mit anderen Bildungsangeboten eignen, finden die §§ 12 bis 14,

16 und 17 keine Anwendung. Der Vertrieb dieser Fernlehrgänge ist der zuständigen Behörde anzuzeigen.

Unselbständige Ergänzungsfernunterrichtskurse
- sind der Behörde anzuzeigen,
- unterliegen nicht den §§ 12 bis 14, 16 bis 17.

---

3. Abschnitt: Organisation; Auskunftspflicht;

Ordnungswidrigkeiten

§ 19
Zentralstelle; Zulassungsentscheidung

(1) Soweit die Länder die Zulassung von Fernlehrgängen einer Zentralstelle übertragen, kann dieser nach Landesrecht die Aufgabe übertragen werden, ein jährlich zu veröffentlichendes Verzeichnis der zugelassenen Fernlehrgänge zu führen.

(2) Bei berufsbildenden Fernlehrgängen (§ 13 Abs. 1) trifft die zuständige Behörde die Entscheidung darüber, ob Versagungsgründe nach § 12 Abs. 2 Satz 1 Nr. 1 bis 3 und § 13 Abs. 1 vorliegen und ob die Zulassungsvoraussetzung nach § 12 Abs. 3 Satz 1 Nr. 1 und 2 erfüllt ist, unter Berücksichtigung der Ergebnisse der Forschung und Planung auf dem Gebiet der beruflichen Bildung. Das Landesrecht kann vorsehen, dass die zuständige Behörde die Entscheidung

*nach Satz 1 im Benehmen mit dem Bundesinstitut
für Berufsbildung zu treffen hat. Das Landesrecht
kann in diesem Falle bestimmen, dass die zuständige
Behörde vor der Entscheidung nach Satz 1 eine
schriftliche Stellungnahme des Bundesinstituts für
Berufsbildung einzuholen und, falls sie beabsichtigt,
von der Stellungnahme abzuweichen, dem Bundesinstitut für Berufsbildung unter Angabe der Gründe
für die beabsichtigte Entscheidung erneut Gelegenheit zu einer Stellungnahme zu geben hat.*

Länder können die Zulassung von Fernunterrichtskursen
einer Zentralstelle übertragen.
Bei berufsbildenden Fernunterrichtskursen trifft die zuständige Behörde, ggf. in Verbindung mit dem Bundesinstituts für
Berufsbildung, die Entscheidung über Versagungsgründe.

§ 20
Auskunftspflicht

*(1) Der Veranstalter ist verpflichtet, der zuständigen Be-
hörde und, sofern das Landesrecht nach § 19 Abs. 2
eine Entscheidung im Benehmen mit dem Bundesinstitut für Berufsbildung vorsieht, in den in dieser
Vorschrift genannten Fällen auch dem Bundesinstitut für Berufsbildung auf Verlangen die zur Durchführung der Aufgaben dieser Behörden erforderlichen Auskünfte zu erteilen, die dafür notwendigen
Unterlagen vollständig und fristgemäß vorzulegen*

und zum Zweck der Überprüfung der Einhaltung von Pflichten des Veranstalters nach § 2 Abs. 1 innerhalb der Geschäftszeit Besichtigungen der Betriebsgrundstücke und Geschäftsräume zu dulden, die der Veranstaltung von Fernunterricht einschließlich begleitendem Unterricht dienen. Die Auskunftspflicht erstreckt sich auch auf bereits zugelassene Fernlehrgänge. Die Auskünfte sind wahrheitsgemäß, vollständig, fristgemäß und, soweit nichts anderes bestimmt ist, unentgeltlich zu geben.

(2) Der Auskunftspflichtige kann die Auskunft auf solche Fragen verweigern, deren Beantwortung ihm selbst oder einem seiner in § 383 Abs. 1 Nr. 1 bis 3 der Zivilprozessordnung bezeichneten Angehörigen die Gefahr zuziehen würde, wegen einer Straftat oder einer Ordnungswidrigkeit verfolgt zu werden.

(3) Einzelangaben über persönliche oder sachliche Verhältnisse, die für Erhebungen und Untersuchungen der Behörden nach Absatz 1 Satz 1 gemacht werden, sind, soweit durch Rechtsvorschrift nichts anderes bestimmt ist, von diesen Behörden geheim zu halten. Die §§ 93, 97, 105 Abs. 1, § 111 Abs. 5 in Verbindung mit § 105 Abs. 1 sowie § 116 Abs. 1 der Abgabenordnung vom 16. März 1976 (BGBl. I S. 613) gelten insoweit nicht. Veröffentlichungen dieser Behörden dürfen keine Einzelangaben über Veranstalter enthalten. Eine Zusammenfassung von Angaben

mehrerer Auskunftspflichtiger ist keine Einzelangabe im Sinne dieses Absatzes.

> Der Veranstalter ist grundsätzlich gegenüber den zuständigen Behörden und sofern zutreffend dem Bundesinstitut für Berufsbildung auskunftspflichtig. Bei Gefahr einer Straftatverfolgung kann der Auskunftspflichtige Angaben verweigern. Die Behörde selbst hat Geheimhaltungspflicht zu getroffenen Angaben hinsichtlich persönlicher sowie sachlicher Verhältnisse.

§ 21
Ordnungswidrigkeiten

(1) Ordnungswidrig handelt, wer vorsätzlich oder fahrlässig

1. als Veranstalter einen Fernlehrgang, der nicht nach § 12 Abs. 1 Satz 1 oder dessen wesentliche Änderung nicht nach § 12 Abs. 1 Satz 2 zugelassen ist, vertreibt oder vertreiben lässt,

2. entgegen § 12 Abs. 1 Satz 4 den Vertrieb eines Fernlehrgangs, der nach Inhalt und Ziel ausschließlich der Freizeitgestaltung oder der Unterhaltung dient, oder entgegen § 18 Satz 2 den Vertrieb eines ergänzenden Fernlehrgangs nach § 18 Satz 1 nicht anzeigt,

3. a) entgegen § 16 Abs. 1 als Veranstalter Informationsmaterial übermittelt, das keinen vollständi-

gen Überblick über die Vertragsbedingungen und die Anforderungen an den Teilnehmer gibt,

b) entgegen § 16 Abs. 2 als Veranstalter in dem Informationsmaterial nicht deutlich kennzeichnet, dass der Fernlehrgang nur vorläufig zugelassen ist,

c) entgegen § 16 Abs. 3 als Veranstalter die Anerkennung eines unentgeltlichen berufsbildenden Fernlehrgangs nach § 15 Abs. 1 zur geschäftlichen Werbung für Fernlehrgänge verwendet,

4. entgegen § 17 Satz 1 zum Zweck der Werbung, Beratung oder des Vertragsabschlusses Personen aufsucht, oder

5. entgegen § 20 Abs. 1 eine Auskunft nicht, nicht rechtzeitig, nicht richtig oder nicht vollständig erteilt, Unterlagen nicht, nicht rechtzeitig oder nicht vollständig vorlegt oder eine Besichtigung nicht duldet.

(2) Die Ordnungswidrigkeit kann in den Fällen des Absatzes 1 Nr. 1, 3 und 4 mit einer Geldbuße bis zu 10.000 Euro, in den Fällen des Absatzes 1 Nr. 2 und 5 mit einer Geldbuße bis zu 1.000 Euro geahndet werden.

Ordnungswidrig handelt, wer vorsätzlich oder fahrlässig

– einen Fernunterrichtskurs vertreibt bzw. vertreiben lässt und diesen bzw. wesentliche Änderungen dessen nicht anzeigt, unabhängig davon, ob der Fernunterrichtskurs nur der Freizeitgestaltung dient sowie

– Informationsmaterial übermittelt, dass keinen vollständigen Überblick über die Vertragsbedingungen und die Anforderungen an den Teilnehmer gibt, den Hinweis auf vorläufige Zulassung verschweigt,

– die Anerkennung eines unentgeltlichen Fernunterrichtskurses vom Bundesinstitut für Berufsbildung zur geschäftlichen Werbung nutzt,

– ohne schriftliches Erbitten zum Zweck der Werbung, Beratung oder des Vertragsabschlusses Personen aufsucht,

– der Auskunftspflicht nicht oder nur unvollständig nachkommt.

4. Abschnitt: Übergangsvorschriften; Änderung von Bundesgesetzen; Schlussvorschriften

§§ 22 -25
(weggefallen)

§ 26
Gerichtsstand

(1) Für Streitigkeiten aus einem Fernunterrichtsvertrag oder über das Bestehen eines solchen Vertrags ist das Gericht ausschließlich zuständig, in dessen Bezirk der Teilnehmer seinen allgemeinen Gerichtsstand hat.

(2) Eine abweichende Vereinbarung ist nur zulässig, wenn sie ausdrücklich und schriftlich

1. nach dem Entstehen der Streitigkeit oder

2. für den Fall geschlossen wird, dass der Teilnehmer nach Vertragsschluss seinen Wohnsitz oder seinen gewöhnlichen Aufenthaltsort aus dem Geltungsbereich dieses Gesetzes verlegt oder sein Wohnsitz oder gewöhnlicher Aufenthaltsort im Zeitpunkt der Klageerhebung nicht bekannt ist.

Für Streitigkeiten zählt der allgemeinen Gerichtsstand des Teilnehmers. Ausnahmen gelten, wenn der Aufenthaltsort des Teilnehmers unbekannt ist oder aus dem Geltungsbereich des Gesetzes verlegt wird.

---

§ 27
Übergangsvorschrift

(1) Auf Fernunterrichtsverträge, die vor dem 30. Juni 2000 abgeschlossen worden sind, ist dieses Gesetz in der bis dahin geltenden Fassung anzuwenden.

(2) Informationsmaterial, das vor dem 1. Oktober 2000 hergestellt wurde und das § 3 Abs. 2 und 3 nicht genügt, darf bis zum 31. März 2001 verwendet werden.

(3) § 17 ist in der seit dem 1. August 2002 geltenden Fassung auf Verträge anzuwenden, die nach dem 1. August 2002 abgeschlossen worden sind. Die Vorschrift findet auch auf Verträge Anwendung, die

nach dem 31. Dezember 2001 abgeschlossen worden und zugleich Haustürgeschäfte sind.

Auf Fernunterrichtsverträge, die vor dem 30. Juni 2000 abgeschlossen worden sind, ist dieses Gesetz in der bis dahin geltenden Fassung anzuwenden.

§ 28
Inkrafttreten

Dieses Gesetz tritt am 01. Januar 1977 in Kraft. Die verfassungsmäßigen Rechte des Bundesrates sind gewahrt. Das vorstehende Gesetz wird hiermit verkündet.
Bonn, den 24. August 1976

Die Gesetzestexte können nachgelesen werden u. a. auf den Internetseiten der Staatlichen Zentralstelle für Fernunterricht *www.ZFU.de* und auf den Internetseiten des Projektes des Bundesministeriums der Justiz mit der juris GmbH *www.gesetze-im-internet.de.*

Ihr Abdruck erfolgte mit freundlicher Genehmigung der Staatlichen Zentralstelle für Fernunterricht *www.ZFU.de.*

Ergänzende Rechtsgrundlagen

Für den Bildungsanbieter ist es entscheidend, ergänzende Rechtsgrundlagen zu kennen. Auch diese erhalten Sie auf den Seiten der Staatlichen Zentralstelle für Fernunterricht (ZFU) zur Einsicht.

Die Gesetzestexte können nachgelesen werden u. a. auf den Internetseiten der Staatlichen Zentralstelle für Fernunterricht *www.ZFU.de* und auf den Internetseiten des Projektes des Bundesministeriums der Justiz mit der juris GmbH *www.gesetze-im-internet.de*.

Der Abdruck erfolgte mit freundlicher Genehmigung der Staatlichen Zentralstelle für Fernunterricht *www.ZFU.de*.

Muster - Widerrufsbelehrung

Das Muster der Widerrufsbelehrung wurde als Anlage zu Artikel 246 § 2 Abs. 3 Satz 1 des Einführungsgesetzes zum Bürgerlichen Gesetzbuch erlassen und ist damit gesetzlich vorgegeben.

Widerrufsbelehrung

Widerrufsrecht
Sie haben das Recht, binnen 14 Tagen ohne Angabe von Gründen diesen Vertrag zu widerrufen.
Die Widerrufsfrist beträgt 14 Tage ab dem Tag, an dem Sie oder ein von Ihnen benannter Dritter, der nicht der Beförderer ist, das erste Fernlehrmaterial in Besitz genommen haben bzw. hat.

Um Ihr Widerrufsrecht auszuüben, müssen Sie uns (Unternehmensname und Anschrift) mittels einer eindeutigen Erklärung (z. B. ein mit der Post versandter Brief, Telefax oder E-Mail) über Ihren Entschluss, diesen Vertrag zu widerrufen, informieren.

Zur Wahrung der Widerrufsfrist reicht es aus, dass Sie die Mitteilung über die Ausübung des Widerrufsrechts vor Ablauf der Widerrufsfrist absenden.

_____
_____
_____

Folgen des Widerrufs

Wenn Sie diesen Vertrag widerrufen, haben wir Ihnen alle Zahlungen, die wir von Ihnen erhalten haben, einschließlich der Lieferkosten (mit Ausnahme der zusätzlichen Kosten, die sich daraus ergeben, dass Sie eine andere Art der Lieferung als die von uns angebotene, günstigste Standardlieferung gewählt haben), unverzüglich und spätestens binnen vierzehn Tagen ab dem Tag zurückzuzahlen, an dem die Mitteilung über Ihren Widerruf dieses Vertrags bei uns eingegangen ist. Für diese Rückzahlung verwenden wir dasselbe Zahlungsmittel, das Sie bei der ursprünglichen Transaktion eingesetzt haben, es sei denn, mit Ihnen wurde ausdrücklich etwas anderes vereinbart; in keinem Fall werden Ihnen wegen dieser Rückzahlung Entgelte berechnet.

_____

Ort, Datum, Unterschrift

Muster-Widerrufsformular

(Wenn Sie den Vertrag widerrufen wollen, dann füllen Sie bitte dieses Formular aus und senden Sie es zurück.)

- An [hier ist der Name, die Anschrift und gegebenenfalls die Telefaxnummer und E-Mail-Adresse des Unternehmers durch den Unternehmer einzufügen]:
- Hiermit widerrufe(n) ich/wir (*) den von mir/uns (*) abgeschlossenen Vertrag über den Kauf der folgenden Waren (*)/die Erbringung der folgenden Dienstleistung (*)
- Bestellt am (*)/erhalten am (*)
- Name des/der Verbraucher(s)
- Anschrift des/der Verbraucher(s)
- Unterschrift des/der Verbraucher(s) (nur bei Mitteilung auf Papier)
- Datum

(*) Unzutreffendes streichen.

Weitere Gestaltungshinweise können Sie u. a. folgender Seite entnehmen:

- http://www.zfu.de/Downloads/Mitteilungen/Muster _Widerrufsbelehrung.pdf

Statt eines Nachworts

Mitunter ist es nicht leicht, jeder Erwartung eines Lernenden zu genügen. Seien Sie sich bewusst, Sie sind nicht auf der Welt, um so zu sein und so zu arbeiten wie es sich ein Einzelner wünscht. Bleiben Sie Ihren persönlichen Ansprüchen wie den Ihres Unternehmens treu.

Ergreifen Sie die Chance, mit dem Fernunterrichtsschutzgesetz (FernUSG) ein Qualitätsmaß für Ihre Bildungsangebote zu etablieren.

Wir wünschen Ihnen und uns, dass Sie in der vorliegenden Publikation eine Unterstützung für die Bildungsplanung finden und Ihre Ziele erreichen mögen.

Köln, im April 2010 / März 2015

Gerik Chirlek und Inge Wanner

Hinweis: Seit dem Jahr 2014 nahm sich Gerik Chirlek der mit Leidenschaft veröffentlichten Werke von Claudine Hirschmann an und führt sie in ihrem Sinne fort.

References

(Print):

Astleitner, H. (2004). *Qualität des Lernens im Internet.* (2. Auflage). Frankfurt am Main: Peter Lang GmbH - Europäischer Verlag der Wissenschaften.

BiBB & ZFU (2015). Ratgeber für Fernunterricht 1-4.

Bundesminister für Bildung und Wissenschaft (Hrsg.). (1986). *Selbstorganisiertes Lernen im Fernunterricht.* Schriftenreihe Studien zur Bildung und Wissenschaft 24. Bad Honnef: Bock.

Dewe, B. & Weber, P. (2007). *Einführung in moderne Lernformen.* Weinheim: Beltz Psychologie Verlags Union.

Ehlers, U., Gerteis, W., Holmer, T. & Jung, H. W. (2003). *E-Learning-Services im Spannungsfeld von Pädagogik, Ökonomie und Technologie. Lebenslanges Lernen im Bildungsnetzwerk der Zukunft.* Bielefeld: Bertelsmann.

Faulstich, P. & Zeuner, C. (2008). *Erwachsenenbildung: Eine handlungsorientierte Einführung in Theorie, Didaktik und Adressaten.* (3. Auflage). Weinheim: Juventa.

Kammerl, R. (2000). *Computerunterstütztes Lernen.* München: Oldenbourg.

Kleinknecht, A. (2007*). Die verbraucherschützenden Gerichtsstände im deutschen und europäischen Zivilprozessrecht.* Berlin: LIT Verlag.

Knispel, K. (2008). *Qualitätsmanagement im Bildungswesen: Ansätze, Konzepte und Methoden für Anbieter von E-Learning- und Blended Learning-Qualifizierungen.* Münster: Waxmann.

Meier, R. (2006). *Praxis E-Learning.* Offenbach: GABAL Verlag GmbH.

Oppermann, A. & Franken, G. (2003*). Fit für den Fernunterricht.* Nürnberg: BW - Bildung und Wissen.

Sindler, A., Bremer, C., Dittler, U., Hennecke, P., Sengstag, C. & Wedekind, J. (2006). *Qualitätssicherung im E-Learning.* Münster: Waxmann.

Tippelt, R. (1999). *Handbuch Erwachsenenbildung, Weiterbildung.* (2. Auflage). Wiesbaden: VS Verlag für Sozialwissenschaften.

(Online):

BiBB & ZFU (2009). Leitfaden für die Begutachtung von Fernlehrgängen. Abgerufen Januar 11, 2010, von http://www.zfu.de.

BMJ (o. J.). FernUSG - Gesetz zum Schutz der Teilnehmer am Fernunterricht. Abgerufen Januar 11, 2010, von http://www.gesetze-im-internet.de/fernusg/BJNR025250976.html.

BMBF (2002). Berufsbildungsbericht 2002 - 5.1.5 Fernunterricht. Abgerufen Januar 15, 2010, von http://www.bmbf.de/de/8698.php.

BMBF (o. J.). Fernunterricht - Distance Learning. Abgerufen
　　　　Januar 11, 2010, von
　　　　http://www.bmbf.de/de/422.php.
Deutsches Institut für Erwachsenenbildung (2009). Fernun-
　　　　terrichtsstatistik 2008. Abgerufen Januar 11, 2010,
　　　　von http://www.bildungsspiegel.de/aktuelles/
　　　　fernunterrichtstatistik-2008-des-die-fernlernen-
　　　　weiterhin-im-aufwaertstrend.html.

Fogolin, A. & Schmitz, W. (2007). Aktuelle Entwicklungs-
    tendenzen im Fernlernen - Ergebnisse einer Befra-
    gung (Kurzfassung). Abgerufen Januar 11, 2010, von
    http://www.elearning-
    mv.de/uploads/media/Kurzfassung_Befragung_Fernl
    ernen_2007.pdf.
Forum DistancE-Learning (o.J.). Fernunterrichtsstatistik
    2008. Abgerufen Januar 11, 2010, von
    http://www.forum-distance-
    learning.de/fdl_3fa8cd6be43e.htm.
ZFU (o. J.). Rechtsgrundlagen des Fernunterrichts. Abgeru-
    fen Januar 11, 2010, von http://www.zfu.de/layouts-
    und-designs.html.